Conrad

FALKEN
FARBIG

Jack W. Hochscheid / Lutz Helger

Brotspezialitäten backen und kochen

FALKEN VERLAG

Titelbild: Altdeutsche Biersuppe, Rezept Seite 34, Boeuf Beaujolais, Rezept Seite 42, Kalbsnierenbraten in Roggenbrot, Rezept Seite 42, Spanische Brotsuppe, Rezept Seite 36
Foto Seite 2: Zwiebel-, Nuß- und Grahambrot, Rezepte Seite 20

CIP-Kurztitelaufnahme der Deutschen Bibliothek

Hochscheid, Jack W.:
Brotspezialitäten backen und kochen / von Jack W. Hochscheid und
Lutz Helger. – Niedernhausen/Ts.:
Falken-Verlag, 1979.
ISBN 3-8068-5088-7
(Falken farbig)
NE: Helger, Lutz:

ISBN 3 8068 5088 7

Fotos: Siegfried Hofer, Christian Teubner, Vereinigung Getreidewirtschaftliche Marktforschung e. V.
Satz: LibriSatz, Kriftel
Druck: VOD, Heidelberg

817 2635 4453 62

Inhalt

Abkürzungen:

Bd.	Bund
EL	Eßlöffel
KL	Kaffeelöffel (gestrichen)
Msp.	Messerspitze
TK	Tiefkühlkost

Alle Rezepte sind für vier Personen berechnet

Brot backen und mit Brot kochen – warum denn nicht?

Lange bevor die Chinesen das »Wunder des Reiskorns« erlebten (etwa 3000 Jahre vor der Zeitwende), und weit bevor Sir Francis Drake die bereits um 1560 nach der Zeitwende als Zierpflanze aus Südamerika in Europa eingeführte Kartoffel um 1585 als Nahrungsmittel in England populär machte (der »alte Fritz« hinkte fast 200 Jahre in Preußen hinterher), stillten die Menschen ihren Hunger durch allerlei Samenkörner verschiedener Grassorten. Oft weichten sie die Körner ganz oder zerrieben in Wasser ein. Und als eines Tages diese erste »Teig-Mischung« – zufällig auf heißen Steinen getrocknet – eine etwas festere Form annahm, war der erste »Backvorgang« entstanden; wahrscheinlich, weil sich zwei unserer Urahninnen zu lange über die damals aktuelle Feigenblatt-Mode unterhielten... Dieser Zufall brachte der Menschheit die Segnungen des Brotes.

Die Frauen können stolz auf diese »Erfindung« sein, und bis etwa um das Jahr 1000 unserer Zeitrechnung war das Brotbacken ihnen auch allein vorbehalten. Erst ab dieser Zeit beschäftigten sich auch die Herren der Schöpfung mit dem Brotbacken und machten – zumindest in den Städten – gleich ein Gewerbe daraus, gründeten Zünfte und glauben bis heute noch, sie hätten die Vielfalt der Brotsorten entdeckt... Dabei verstanden es die ägyptischen Frauen schon vor mehr als 5000 Jahren, ihre Männer mit etwa 20 verschiedenen Brotsorten zu verwöhnen, freilich erst, nachdem die Männer die bis dahin bekannten Getreidearten – hauptsächlich Hirse und Gerste – gezielt anbauten. Brot legte man in Ägypten auch den Verstorbenen als »Wegzehrung« fürs Jenseits mit ins Grab. Dem Pharao Ramses III. richtete man sogar eine komplette Bäckerei in seiner Grabkammer ein.

Durch einen Zufall »erfanden« die Ägypterinnen auch den Sauerteig: Eine Hausfrau oder eine Sklavin muß einige Brot-Teige übersehen haben, die natürlich zu gären anfingen, dann aber trotzdem gebacken wurden – und so entstand das viel leichtere, lockere Sauerteig-Brot, das wir heute noch bevorzugen.

Über Griechenland und das römische Weltreich (in Rom gab es bereits um die Zeitwende viele Bäckereien, in denen man allerlei Brotsorten kaufen konnte!) kam das Brot auch zu unseren Vorfahren, den Germanen, die allerdings zunächst nur wenig Getreide anbauten, aus Angst vor ihren Göttern. Erst viel später, nach der Christianisierung, als sich die Klöster des Backens annahmen, wurde auch hier der Wert des Brots erkannt. Die Hausfrau als Hüterin des heimischen Herdes besorgte das Brotbacken – und heute gibt es wieder viele Hobby-Bäckerinnen, die mit großer Liebe Brot selbst backen, um neben dem köstlichen Brot der Bäcker hie und da eine mehr persönliche Note in das Brot-Repertoire zu bringen. Ihnen sollen die Backrezepte dieses Buches behilflich sein, ihre Phantasie zu beflügeln und neue Brotarten kennenzulernen, die sie beliebig variieren können.

Da Brot das erste Nahrungsmittel der Menschheit war – Reis oder Kartoffeln waren ja noch nicht bekannt – lag es nahe, das Brot auch zum Kochen zu verwenden. Wenn wir empfehlen, auch heute wieder mit Brot zu kochen, so wollen wir nur dazu anregen, eine uralte Tradition fortzuführen. Allerdings sind wir bestrebt, die hier vorgestellten, zum Teil sehr alten Rezepte der Kochtechnik unserer Zeit anzupassen, ebenso die uns heute zur Verfügung stehenden Gewürze, Fleisch- und Gemüsesorten beim Kochen mit Brot sinnvoll zu integrieren. Das ergibt eine Fülle von Variationsmöglichkeiten, die neben den Kartoffel-, Reis-, Nudel-Rezepten eine Abwechslung in unseren Speiseplan bringen, die jedermann zu schätzen wissen wird, dem eine abwechslungsreiche Küche am Herzen liegt! Ein Teil der Rezepte wurde von uns neu entwickelt, andere wurden im Rahmen eines Wettbewerbs ausgeführt, um die besten Sorten zu ermitteln. Diese Rezepte haben wir in dieses Buch mit übernommen.

Daneben sei noch bemerkt, daß Brot ja ein äußerst gesundes Nahrungsmittel ist und – entgegen der allgemein verbreiteten falschen Meinung – absolut nicht dick macht (100 g Brot haben nur etwa 250 Kalorien). Nirgends sind die für den Menschen wichtigsten Nährstoffe (Fett, Eiweiß, Kohlenhydrate, Mineralstoffe und Vitamine) so konzentriert wie in unserem Brot! Warum sollten wir uns diese Tatsache also nicht zunutze machen, indem wir Suppen und Hauptgerichte, aber auch Vor- und Nachspeisen mit Brot herstellen? Dabei kommt uns noch zugute, daß die verschiedenartigen Brotsorten immer wieder neue Geschmacksmomente erbringen und so eine zusätzliche Abwechslung im »Magen-Fahrplan« bedeuten.

Alles spricht also dafür, die alte Tradition des Kochens mit Brot

wieder aufzunehmen, denn was die Urvölker »erfanden«, die großen Kulturländer der Antike Ägypten, Griechenland und das Römische Reich stetig weiter entwickelten und an unsere germanischen Vorfahren verschenkten, das soll – nach heutigen Maßstäben und Erkenntnissen – uns ebenso zum Genuß werden.
Bei vielen Rezepten der Abteilung Kochen mit Brot benötigen Sie fertige Brotsorten aller Art, bei einigen anderen ist Brotteig unerläßlich. Beides sollten Sie selbst herstellen, aus Freude am Backen und Kochen. Wenn Sie keine Zeit haben, Teig oder Brot selbst herzustellen, hilft Ihnen Ihr Bäcker gerne aus!
Die Verfasser dieses Buchs sind sicher, daß jede Hausfrau und jeder Hobbykoch viel Freude haben werden, wenn sie unserem guten Rat folgen und Brot backen und mit Brot kochen.

Was der Hobby-Bäcker wissen muß

Welche Brotsorte Sie backen, hängt hauptsächlich davon ab, welches Mehl Sie nehmen und ob Sie Sauerteig, Hefe oder Backpulver verwenden. Wenn wir also beispielsweise nicht Weißbrot backen (zu dem wir die Type 812 empfehlen, bei Brötchen die Type 550), sondern ein Mischbrot, richten wir uns danach, ob wir heller oder dunkler mischen wollen. Bei den dunklen Broten (zum Beispiel Roggenbrot) nehmen wir ein »hochausgemahlenes« Mehl, das weit dunkler ist als das nur wenig ausgemahlene (weiße) Mehl. Zum Brotbacken benötigen wir natürlich auch Sauerteig (bei weißem Brot nehmen wir Hefe oder auch Backpulver), der den Zweck hat, den Teig aufzulockern. Viele Hausfrauen glauben zu unrecht, es sei eine besondere Kunst, den sogenannten »Sauer« herzustellen. Nichts ist leichter als das: Rühren Sie ca. 100 g Mehl mit lauwarmem Wasser an und lassen Sie diesen »Kleister« etwa 48 Stunden in einem warmen Raum zugedeckt stehen. Er gärt und – später unter den Teig gegeben – läßt er diesen »aufgehen«. Wenn Sie öfter Brot backen, brauchen Sie nicht jedesmal neuen »Sauer« anzusetzen; behalten Sie jeweils einen Teil des Teigs vom letzten Backen (ca. 100 g) zurück und gefrieren Sie ihn ein. Einen Tag vor dem Gebrauch lassen Sie ihn wieder auftauen. Wenn Sie kein Tiefkühlgerät haben, können Sie den Teigrest auch in einer zugedeckten Schüssel im Keller aufbewahren. –

Besonders wichtig beim Brotbacken ist der Knetvorgang. Für die Hausfrau ist die Küchenmaschine mit ihren Knethaken eine große Hilfe. Aber auch das Kneten mit den Händen ist wegen der verhältnismäßig geringen Menge, die man zu Hause herstellt, nicht allzu schwer. Wichtig ist, daß der Teig lange genug Zeit hat, »aufzugehen«, ganz gleich, ob er mit Sauerteig oder mit Hefe gemacht wird. (Backpulver sollten Sie nur für Toast- oder Kastenbrot verwenden.) Der Teig darf nur in den vorgeheizten Backofen gegeben werden. »Schießen« Sie das Brot bei etwa 250 Grad ein, reduzieren Sie nach 10 Minuten auf 180 Grad und backen Sie das Brot fertig. Man sollte den Teig vor dem Einschub mit Wasser einpinseln. Manche Hobbybäcker schwören darauf, daß das Brot besonders knusprig wird, wenn sie eine Tasse Wasser mit in den Backofen stellen. Natürlich hängt es auch von Ihrem Backofen ab, was sich für Ihr Brot besonders bewährt.

Die Mengen für das Grundrezept sind:

1000 g Mehl (auch gemischt),
50 g Sauerteig (oder 25 g Hefe),
4 KL Salz,
ca. ½ l warmes Wasser.

Die Mengen für die einzelnen Spezialrezepte ergeben sich aus den Angaben für die Brotsorten.

Brot backen

Brot backen ist heute eine Kunst, die jeder kann. Wer gern Kuchen und Plätzchen backt, der wird auch sicher einmal versuchen wollen, Brot zu backen.
Bei einer Sorte wird es dann bestimmt nicht bleiben, denn die Möglichkeiten, dieses Grundnahrungsmittel herzustellen, sind schier unerschöpflich. Es ist wirklich erstaunlich, was man aus Teig alles zaubern kann. Außerdem ist Backen heute nicht mehr so kompliziert, wie zu Großmutters Zeiten. Den Kohleherd hat der Elektroherd oder Gasherd abgelöst, und die Hefe verhindert mit Sicherheit einen zusammengefallenen Teig und ein mißlungenes Brot.

Brot aus selbstgemachtem Teig

Wer wirklich »von Anfang an« sein eigener Bäcker sein möchte, der findet hier Rezepte mit den verschiedensten Teigzutaten. Weizenmehl, Roggenmehl, Grahammehl mit und ohne Sauerteig werden bei diesen Rezepten verarbeitet.

Großmutters Kräuterbrot

375 g grobes Weizenmehl, 125 g Roggenmehl, 30 g Hefe, ¼ l Milch, 60 g Margarine, Zwiebel- und Knoblauchsalz, feingewiegte Kräuter (Petersilie, Schnittlauch, Dill, Sauerampfer, Liebstöckel oder TK 8 Kräuter), ½ Packung Kresse, Pimpernelle.

Alle Zutaten des Teigs in der Küchenmaschine zu einem geschmeidigen Hefeteig verkneten; diesen dann im Backofen – 3 Minuten auf 50° C, 30 Minuten ausgeschaltet – aufgehen lassen, danach Kräuter daruntermengen. Alles in eine gefettete Kastenform geben. Nochmals etwas gehen lassen und im vorgeheizten Ofen auf der unteren Schiene backen.
Backzeit: 40–50 Minuten
Temperatur: 180° C

Kindbettbrot

Für Wöchnerinnen hat man in früheren Zeiten ein besonderes Brot gebacken, das sie schnell wieder auf die Beine gebracht hat. Hier das Original-Rezept aus dem ›Augsburger Kochbuch‹ von J. S. Weilerin, 1788:
Man nimmt 1 Vierling (125 g) recht frischen Butter, ebenso viel Zucker, 1 Vierling abgezogene und fein gewiegte oder gestoßene Mandeln und die Schale von ½ Citrone klein geschnitten;
macht dieses mit einem Ey, und 1 Vierling schönes weißes Mehl durcheinander; formiret lauter kleinen Fingers lange und noch einmal so dicke Wärgelein daraus, die aber hinten und vornen dünner und etwas spitzig seyn müssen; legts auf ein mit Mehl bestreutes Blech, bestreichts mit zerklepperten Ey, schneidet oben kleine Gitter darauf, streuet sie mit Zucker, und läßts im Backofen schön gelb backen.
Man kann sie auch ohne Mehl machen, aber dann nimmt man zu so vielen Zucker, Butter und Mandeln, als oben gesagt worden ist, nur ein halbes Ey, und verfertigt sie wie das vorher angezeigte.

Hausbrot ▶

750 g Roggenmehl, 750 g Weizenmehl, 70 g Sauerteig, 2 Päckchen à 40 g Hefe, knapp 1 l warmes Wasser, 30 g Salz, Gewürzmischung aus Koriander, Kümmel, Fenchel und Anis nach Geschmack.

Aus Sauerteig und Hefe einen Vorteig anrühren und bis zur doppelten Größe gehen lassen. Mehl, Salz, Wasser, Gewürze und den Vorteig in eine Rührschüssel geben und verkneten, bis der Teig glatt ist.

Gut gehen lassen, dann zwei Laibe formen und auf ein Backblech geben, mit der Gabel einstechen und drei mal seitlich etwas einschneiden.
Nochmals gehen lassen, bis das Brot kleine Risse zeigt. Dann mit warmem Wasser bepinseln und in das vorgeheizte Rohr schieben.
Kurz vor dem Herausnehmen nochmals mit Wasser bepinseln, damit es Glanz bekommt.
Backzeit: 65 Minuten, Temperatur: 250° C

Antonias freitägliches Dillbrot ▶

500 g Weizenmehl, 40 g Hefe, 1 Prise Zucker, 4 EL lauwarme Milch, 2 Zwiebeln (am besten blaue), 1 geschälte Knoblauchzehe, 30 g getrockneter Dill (keinen frischen verwenden, er verliert durch das Backen das Aroma), je ½ KL getrockneter Borretsch, Fenchelsamen, Korianderkörner und Salz, 1 Prise Muskat, 1 Prise Anis (ganz), 2 Eier, Margarine zum Fetten, Wasser zum Bestreichen.

Das Mehl in eine Schüssel geben. In die Mitte eine Mulde drücken, in die Hefe und Zucker kommen. Mit der Milch und etwas Mehl zum Vorteig verrühren. An einem warmen Platz zur doppelten Menge aufgehen lassen. Das dauert ca. 20-25 Minuten.
Zwiebeln schälen und mit der Knoblauchzehe sehr fein hacken. Mit allen Kräutern und Gewürzen zum Teig geben, ebenso die zerlassene Butter und die Eier. Alles zu einem glatten, festen Teig verarbeiten. Etwa 20-30 Minuten gehen lassen. Aus dem Teig ein längliches Brot formen. Auf ein gefettetes Blech setzen. Oberfläche längs leicht einschneiden. Mit Wasser bestreichen. Nochmals gehen lassen. In den vorgeheizten Backofen auf die untere Schiene schieben.
Backzeit: ca. 45 Minuten
Temperatur: 220° C

Vollkornbrot aus Schweden ▶

100 g Hefe, 350 g Roggenschrot, 150 g grob zerdrückte Roggenkörner (Reformhaus), 350 g Weizenmehl, 2 EL Butter, ¾ l Wasser, 4 KL Salz, 2 EL dunkler Sirup.

In einer großen Schüssel die Hefe in kleine Stücke brechen. Die Butter zerlassen und mit lauwarmem Wasser vermischen. Die Flüssigkeit über die Hefe gießen und rühren, bis sie geschmolzen ist.
Roggenmehl, Roggenschrot und Roggenkörner, Salz, Sirup und gut die Hälfte des Weizenmehls zugeben. Den Teig mit den Händen höchstens 5 Minuten kneten und den Rest des Weizenmehls dabei nach und nach einarbeiten.
Den Teig zu einer Kugel formen und zugedeckt an einem warmen Ort 1½ Stunden gehen lassen. Dann nochmals kurz durchkneten, zwei Brote formen und in gebutterte Backformen legen.
Nochmals 45 bis 60 Minuten gehen lassen.
Das Brot 1 bis 1¼ Stunden auf der untersten Schiene backen und mehrmals mit Wasser überpinseln. Während des Abkühlens mit einem Tuch zudecken. Vorbereitungszeit: 20 Minuten, zum Gehen ca. 2½ Stunden.
Backzeit: ca. 75 Minuten
Temperatur: 175° C

Pilzbrot ▶

1½ Pfund Weizenmehl, 30 g Hefe, 2 KL Salz, je 75 g Weizen- und Roggenschrot, ⅛ l warmes Wasser, ¾ l Wasser, je ½-1 KL Koriander, Kümmel, Anis oder Fenchel.

Die Teigzutaten mit dem ⅛ l warmen Wasser verrühren und ½ Stunde gehen lassen.
Dann ¾ l Wasser, Koriander, Kümmel, Anis oder Fenchel je nach Geschmack hinzugeben und alles gut durchkneten. Als Backform benötigt man eine saubere Konservendose, die zur Hälfte mit dem fertigen Teig gefüllt wird.
Dadurch entsteht die typische Pilzform.
Backzeit: ca. 30–45 Minuten
Temperatur: 180° C

Gewürzbrot

¼ l Wasser, 20 g Butter, 25 g Hefe, 1 EL Salz, 300 g Roggenmehl mit Weizenmehlzusatz, 300 g Weizenmehl, 1 EL gehackter, frischer Estragon (Majoran oder Basilikum können den Estragon ersetzen, nach Geschmack 1 EL Kümmel zugeben), 4-5 EL feingehackte Petersilie, 1 Ei.

Das Wasser lauwarm erwärmen und die Butter darin zergehen lassen. Die zerbröselte Hefe zugeben und unter Rühren auflösen. 300 g Roggenmehl mit 150 g Weizenmehl und dem Salz mischen. Die Hefeflüssigkeit einrühren und einen glatten Teig kneten und an einem warmen Ort zugedeckt 30 Minuten gehen lassen. Das restliche Mehl und die feingehackten Kräuter in den Teig kneten und den Teig zu einem Brotlaib formen.
Auf ein bemehltes Backblech setzen und zugedeckt weitere 20 Minuten gehen lassen.
Das Brot mit dem geschlagenen Ei bepinseln und im vorgeheizten Backofen goldgelb backen.
Backzeit: 30 Minuten
Temperatur: 200° C

Variation:

Statt Estragon, Majoran oder Basilikum können Sie auch – je nach Geschmack – Sesam, Kardamom, Koriander, Safran, Ingwer oder Mohn als Gewürz verarbeiten.

Bauernbrot von 1912

2 Pfund Schrotmehl, Sauerteig, etwas Mehl zum Bestreuen, Salz und Wasser.

Man nehme den vom letzten Mal zurückbehaltenen Sauerteig, rühre das Mehl mit dem Teig an und lasse ihn 20 Minuten gehen.

Dann knete man ihn auf dem mit dem Roggenmehl bestreuten Tisch und forme ihn rund. Wenn der Teig fest ist, wird er auf ein Brett gelegt; nochmals gehen lassen und nach dem Gehen mit zwei Messerschnitten oben verzieren, mit Wasser bestreichen und backen.
Es kann auch mit Kümmel gebacken werden.
Backzeit: 80 Minuten
Temperatur: 220° C

Knoblauchbrötchen ◀

500 g Weizenmehl, gesiebt, 1 Päckchen Dauerbackhefe, ¼ l lauwarme Milch, 50 g Fett oder Margarine, 1 EL Zucker, ½ KL Salz, 5 große, zerdrückte Knoblauchzehen.

Die Dauerbackhefe und den Zucker in einer großen Tasse mit 2 EL Milch anrühren und etwa 15 Minuten bei Zimmertemperatur stehen lassen. Das gesiebte Mehl in eine Rührschüssel wiegen, die übrigen Zutaten und die angesetzte Hefe hinzugeben und alles mit einem elektrischen Handrührgerät, zuerst auf der niedrigsten, dann auf der höchsten Stufe in etwa 5 Minuten zu einem Teig verarbeiten.
Den Teig an einem warmen Ort so lange stehen lassen, bis er etwa doppelt so hoch ist, und ihn dann mit dem elektrischen Handrührgerät auf der höchsten Stufe nochmals gut durchkneten.
Den Teig mit etwas Mehl in 15 gleichmäßig große Stücke teilen und diese länglich oder rund formen und in die Mitte einen tiefen Einschnitt drücken. Auf gefettetem Blech die Brötchen, nachdem sie etwas aufgegangen sind, backen.
Oder den Teig in 30 gleichmäßige Bällchen rollen und sie in eine gefettete Springform legen. Nachdem sie etwas aufgegangen sind, bei gleicher Backtemperatur und Backzeit backen.
Wenn man die Brötchen vor dem Einschieben in den vorgeheizten Backofen mit Wasser bestreicht, werden sie knusprigbraun und gehen gut auf.
Backzeit: ca. 20–30 Minuten
Backtemperatur: 180° C

Sigrids Kräuterbrot

500 g Weizenmehl, 20 g Hefe, 1 KL Salz, ½ KL Zucker, 20 g Butter, ¼ l warme Milch, 1 Bd. Petersilie, 1 Bd. Dill, 1 Bd. Schnittlauch, je 1 Msp. Kerbel und Liebstöckel.

Aus Hefe, Milch, Zucker und etwas Mehl einen Hefevorteig ansetzen. An einem warmen Ort solange gehenlassen, bis er sich verdoppelt hat. Nun das restliche Mehl, die weiche Butter und das Salz unterkneten, bis sich der Teig vom Schüsselrand löst.
Petersilie, Dill und Schnittlauch waschen, gut abtrocknen, fein zerhacken, mit Kerbel und Liebstöckel vermischen.
Den Teig auf ein Brett legen, eine Teigplatte daraus formen, und sie dick mit der Kräutermischung belegen. Den Teig aufrollen und in eine gefettete Kastenform legen. Mit einem scharfen Messer der Länge nach in der Mitte ca. 2 cm tief kerben.
Im vorgeheizten Ofen auf der unteren Schiene backen. Wenn man eine kräftige Brotkruste wünscht, das Brot kurz vor Beendigung mit etwas Wasser bestreichen.
Backzeit: ca. 35-40 Minuten
Temperatur: 220° C

Sonntagsbrot nach Thüringer Art

125 g Fett, 4 KL Backpulver, 150 g Zucker, 1 Prise Salz, 1 Vanillezucker, 2 Eier, 200 g Weizenmehl, 1 Päckchen Vanillepuddingpulver, 1 EL Milch, 65 g gehackte Mandeln, 3 Bananen, 1 KL gemahlener Ingwer, je 1 Msp. Muskat, Kardamom, Zimt, gemahlene Nelken.

Fett, Zucker und Vanillezucker schaumig rühren, nach und nach die Eier zugeben. Das Mehl mit Pudding- und Backpulver mischen und hinzugeben. Dann Milch, gehackte Mandeln, zerdrückte Bananen und die Gewürze zugeben. Zutaten miteinander gut vermengen. Den Teig in eine Kastenform füllen und backen.
Backzeit: 60-75 Minuten
Temperatur: 175° C

Kartoffelbrot

▶

30 g Hefe, 500 g Weizenmehl, ¼ l Milch, 50 g Butter, 50 g Zucker, 3 Eigelb, je 1 KL Salz, Majoran, Kümmel, Kardamom, Koriander, 20 g durchwachsener Speck, 3 mittelgroße Zwiebeln, 250 g gekochte Kartoffeln.

Hefe und lauwarme Milch gehen lassen. Mehl in Schüssel sieben, eine Mulde machen und die beiden Eigelb, flüssige Butter und das Hefe-Milch-Gemisch hineingeben. Auf dem Mehlrand Salz, Zucker und Gewürze hinzufügen und zu einem Hefeteig schlagen, ½ Stunde gehen lassen.
Die gekochten Kartoffeln pürieren; im ausgelassenen Speck Zwiebeln goldgelb rösten. Beides in den Hefeteig einarbeiten und ¼ Stunde gehen lassen. In eine Kastenform füllen, mit Eigelb bestreichen und knusprig backen.
Backzeit: 45 Minuten
Temperatur: 225° C

Böhmisches Osterbrot

40 g Hefe, 140 g Zucker, ⅛ l lauwarme Milch, 1 kg Weizenmehl, 210 g Butter, 2 Eigelb, 1 Prise Salz, etwas abgeriebene Schale einer Zitrone, 200 g Rosinen, 10 g Zitronat, 100 g gehackte Mandeln, 1 Eigelb zum Bestreichen, Butter zum Einfetten.

Die Hefe mit etwas Zucker und etwas lauwarmer Milch verrühren. Das Mehl in eine Schüssel sieben. In der Mitte eine Vertiefung machen, die Hefe hineingießen und mit etwas Mehl zu Teig verrühren. Diesen zugedeckt an einem warmen Ort 15 Minuten gehen lassen. Dann Butter und Eigelb und mit dem verbliebenen Zucker schaumig rühren und unter das gegangene Hefestück mischen. Die restliche Milch, Salz sowie die abgeriebene Zitronenschale dazugeben und den Teig so lange gut durchschlagen, bis er sich von der Schüssel löst. Darauf die in Mehl gewälzten Rosinen, das feingeschnittene Zitronat und die gehackten Mandeln in den Teig verarbeiten. Hieraus einen runden Laib formen und zugedeckt an einem warmen Ort ca. 30 Minuten gehen lassen.
Eigelb in einer Tasse verquirlen, das Brot damit bestreichen und mit einem Messer kreuzförmig oben einschneiden. Laib auf ein gefettetes Backblech setzen und im vorgeheizten Ofen backen.
Backzeit: ca. 50 Minuten
Temperatur: 200° C

Gesundheitsbrot

100 g Weizenkeime, 550 g Grahammehl, 50 g Hefe, 50 g Margarine, ½ l Magermilch, 60 g Rosinen, 1-1½ KL Salz, 1 KL Fenchel, 1 KL Anis, Weizenmehl nach Belieben.

Fett und Milch in einem Topf lauwarm werden lassen. Es darf nicht kochen, sonst gerinnt es. Hefe in eine Schüssel bröckeln. Rosinen, Weizenkeime und etwa die Hälfte des Grahammehls zufügen. Fettmilch zugießen. Salz und Gewürze hineinmengen. Restliches Grahammehl zugeben und Weizenmehl hineinkneten. Teig zugedeckt bis zur doppelten Menge an einer warmen Stelle in der Küche ca. 20 Minuten aufgehen lassen, dann nochmals kräftig durchkneten und zu Laiben formen. In eingefettete, glatte Brotformen oder auf Backbleche legen und 40 Minuten gehen lassen. Brote dann in den vorgeheizten Ofen schieben.
Wenn die Brote gebacken sind, aus den Formen nehmen und unter einem Tuch auskühlen lassen.
Backzeit: ca. 30 Minuten.
Temperatur: 200° C

Glarner Birnenwecken

250 g gedörrte Birnen, 150 g gedörrte Äpfel, 150 g entsteinte Trockenpflaumen (Kurpflaumen), 100 g Feigen, 50 g Rosinen, 50 g Korinthen, 100 g Haselnüsse, 50 g Zitronat, 50 g Orangeat, 50 g Zucker, 1 KL gemahlener Zimt, ½ KL gemahlener Anis, ½ KL gemahlene Gewürznelken, 3 EL Birnenschnaps oder Rum, 4-6 EL süße Sahne oder Kondensmilch.

Hefeteig: 500 g Mehl, 1 Päckchen Trockenbackhefe, ⅛-¼ l Milch, 50 g Butter oder Margarine, 80 g Zucker, 1 Ei, 1 Msp. Salz; 1 Eigelb, 2 EL Milch.

Die gedörrten Birnen und Äpfel über Nacht einweichen und dann im Einweichwasser ca. 20 Minuten kochen.
Trockenpflaumen nur kurz einweichen. Bei Verwendung der saftigen Kurpflaumen kann das Einweichen entfallen. Sämtliche Früchte sowie Zitronat und Orangeat nun durch den Fleischwolf (Fleischhackmaschine) drehen und in eine Schüssel geben. Mit Zucker, den Gewürzen, Birnenschnaps und Sahne zu einer dicken, streichfähigen Masse vermischen.

Für den Hefeteig das Mehl mit der Trockenbackhefe vermischen. Mit lauwarmer Milch, weicher Butter, Zucker, Ei und Salz zu einem glatten Hefeteig verkneten. Diesen zugedeckt gehen lassen, bis sich das Volumen verdoppelt hat.

Den Teig in ca. 8 Stücke teilen. Jedes Teil auf leicht bemehlter Unterlage zu einem Rechteck ausrollen. Fruchtmasse darauf geben und die Seitenteile so übereinanderlegen, daß längliche Wecken entstehen. Die Enden gut zusammendrücken. Die Wecken auf das gefettete Backblech legen. Ca. 20 Minuten gehen lassen. Eigelb mit Milch verquirlen und die Oberseite damit bepinseln, einige Mal mit einem Hölzchen einstechen.

Im vorgeheizten Backofen (E-Herd 200° C; G-Herd Stufe 3: Heißluftherd Stufe 4) in 35 Minuten zu schöner Farbe backen. Mit einem Hölzchen prüfen, ob die Birnenwecken durchgebacken sind.

Vor dem Anschneiden sollten die Birnenwecken mindestens 2 Tage ruhen. Sie schmecken besonders gut zu Glühwein oder heißem Gewürztee.

Das Rezept ergibt 8–10 Stück.

Rundes Weißbrot

1 Päckchen Trockenhefe, ¼ l warmes Wasser, 500 g Weizenmehl Typ 550, 2 KL Salz, etwas geschmolzene Butter zum Bestreichen.

Die Trockenhefe nach Anweisung auf dem Päckchen ansetzen und gehen lassen.

Dann die Hefe und die restlichen Zutaten in eine große Schüssel geben und mit dem Handrührgerät durchkneten, bis sich der Teig vom Schüsselrand löst. Den Teig zugedeckt gehen lassen, bis er sich verdoppelt hat, was ca. 40 Minuten dauert. Mit bemehlten Händen den Teig gut kneten und zu einem runden Laib formen. Nochmals 20 Minuten gehen lassen. Das Brot kreuzweise einschneiden und im vorgeheizten Ofen backen. Wenn das Brot heiß aus dem Ofen kommt, sofort mit der geschmolzenen Butter einpinseln.

Backzeit: ca. 25 Minuten
Temperatur: 225° C

Heißwecken

500 g Weizenmehl Typ 405, 1 Päckchen Hefe à 40 g, ¼ l Milch, 150 g Butter in weichen Flöckchen, 100 g Korinthen, je eine Prise Zimt, Salz und Kardamom.

Das Mehl in eine große Schüssel geben, eine Vertiefung in die Mitte machen und da hinein die Hefe bröckeln.

Einen Kaffeelöffel Zucker und eine Tasse warme Milch von der Gesamtmenge darübergeben. Alles 15 Minuten gehen lassen.

Die restlichen Zutaten dazugeben und alles mit dem Handrührgerät verkneten, bis sich der Teig vom Schüsselrand löst. Zugedeckt gehen lassen, bis sich der Teig verdoppelt hat, was etwa 40 Minuten dauert.

Den Teig gut durchkneten, kleine Bällchen formen und in genügendem Abstand auf ein gefettetes Backblech setzen. Nochmals ca. 25 Minuten gehen lassen. Im vorgeheizten Ofen die Heißwecken backen, bis sie eine schöne Farbe bekommen.

Backzeit: ca. 20-30 Minuten
Temperatur: 225° C

Englische Korinthenbrötchen ▲

1 Päckchen Trockenhefe (40 g), ⅛ l Milch, 375 g Mehl Typ 405, 75 g Margarine, 1 Ei, je 50 g Korinthen und Rosinen ohne Kerne, 1 KL Salz, je 1 Msp. Zimt und Kardamom.

Die Trockenhefe nach Anweisung auf dem Päckchen ansetzen, gehen lassen und in eine große Schüssel geben.
Milch, Mehl, Salz, Margarine und Ei hinzufügen und mit dem Handrührgerät verkneten, bis der Teig sich vom Schüsselrand löst. Den Teig zudecken und gehen lassen, bis er sich verdoppelt hat.
Mit bemehlten Händen die restlichen Zutaten einkneten und kleine Kugeln von ca. 6 cm Durchmesser formen. Diese nicht zu eng auf das eingefettete Backblech setzen. Nochmals 20 Minuten gehen lassen. Im vorgeheizten Ofen auf der mittleren Schiene backen.
Backzeit: ca. 20 Minuten
Backtemperatur: 220° C

Brot aus Fertigteig

Einfacher und unkomplizierter geht es nicht: Greifen Sie auf fertige Backmischungen aus der Tiefkühltruhe oder aus der Lebensmittelabteilung zurück und backen Sie nach eigenem Gusto und Laune Ihr ganz spezielles Brot.

Leinsamenbrot

1000 g Mischbrotteig, etwas lauwarmes Wasser, je 60 g Leinsamen oder Leinsamenschrot, ½ KL Selleriesalz, 250 g Magerquark, 2 Packungen Hefe.

Die beiden Hefepackungen mit wenig lauwarmem Wasser ansetzen und 15 Minuten stehen lassen. Dann Mehl, Leinsamen und Quark hinzugeben und alles kräftig mit dem Knethaken bearbeiten. Zugedeckt im temperierten Backofen 5 Minuten gehen lassen.
In eine gefettete Kastenform füllen und erneut gehen lassen. Zusammen mit einem Becher Wasser in den Backofen schieben.
Backzeit: ca. 75 Minuten
Temperatur: 200° C

Hackfleisch-Brotstrudel

500 g Mischbrotteig, 80 g durchwachsener Speck, 250 g Zwiebeln, 400 g gemischtes Hackfleisch, 2 Bd. Petersilie, Pfeffer, 1 Msp. gemahlener Kümmel, ¼ l saure Sahne, etwas Mehl.

Teig nach Vorschrift zubereiten und gehen lassen. Den Speck würfeln, anbraten und mit in Scheiben geschnittenen Zwiebeln glasig dünsten. Zu dem Hackfleisch geben und mit feingehackter Petersilie mischen. Mit Salz und Pfeffer und etwas gemahlenem Kümmel abschmecken.
Den Brotteig mit Mehl bestäuben, kurz durchkneten, dann auf einer bemehlten Tischplatte zu einem großen Rechteck ausrollen und mit der Hälfte der sauren Sahne bestreichen. Die Hackfleischmasse gleichmäßig darauf verteilen. Die Teigränder nach innen schlagen, und den Strudel aufgerollt auf ein gefettetes Backblech legen, mit einem Küchentuch bedecken und nochmals gehen lassen. Mit der restlichen Sahne bestreichen und im vorgeheizten Ofen backen.
Falls man den Strudel nicht dunkel mag, die letzten Minuten mit Alufolie abdecken.
Backzeit: ca. 50-60 Minuten
Temperatur: 200° C

Picknick-Brot ◀

1000 g Mischbrotteig (und etwas Mehl zum Walken), 200 g Putenbraten-Reste, 125 g Zigeunerschinken, 50 g gehackte Haselnüsse, 100 g geriebener Allgäuer Emmentaler, 125 g gehackte und geröstete Zwiebeln, 1 EL fein gewiegte Petersilie, 1 KL grobes Salz.

Zunächst bereiten Sie den Mischbrotteig zu. Wenn er entsprechend aufgegangen ist, ziehen Sie die gewürfelten Putenbraten-Reste, den gewürfelten Zigeunerschinken, die erkalteten gerösteten Zwiebeln, Petersilie, Haselnüsse und den Käse unter den Teig. Achten Sie darauf, daß alles gut vermengt ist. Formen Sie einen runden Brotlaib und lassen Sie diesen nochmals 15-20 Minuten gehen. Zum Schluß kreuzweise einschneiden, mit etwas Wasser bestreichen, mit grobem Salz und etwas Mehl bestäuben und im vorgeheizten Backofen backen.
Backzeit: ca. 50 Minuten
Temperatur: 225° C

Enzianweckerl

500 g Weißbrotteig (eventuell Mischbrotteig), je 1 EL Majoran, Thymian, Dillspitzen, Liebstöckel, Kerbel, 3 GLas Enzian, je 1 EL Koriander, Kardamom, Kümmel, grobes Salz, 2 Eigelb.

Die getrockneten Kräuter 20 Minuten in zwei Glas Enzian ziehen lassen, dann alles zu den Brotteigzutaten geben und gut durchkneten. Den Teig zugedeckt 15 Minuten an einem warmen Ort gehen lassen. Auf einem bemehlten Holzbrett 2 cm dick ausrollen, mit einem Glas die Weckerl ausstechen und auf ein gefettetes Backblech legen. Nochmals 15 Minuten zugedeckt ruhen lassen.
Die Eigelb mit einem Glas Enzian verrühren, damit die Weckerl bestreichen, mit Koriander, Kardamom, Kümmel und grobem Salz gleichmäßig bestreuen. Auf der mittleren Schiene backen.
Backzeit: ca. 40 Minuten
Temperatur: 200° C

Bayerisches Kletzenbrot

500 g Mischbrot-Teig, 100 g Kletzen (Dörrbirnen), 100 g Dörrzwetschgen, je 50 g getrocknete Feigen, Aprikosen und Apfelringe, alles klein gewürfelt, je 100 g gehackte Hasel- oder Walnüsse und Rosinen. Saft von ½ Zitrone, 1-2 EL Rum, ½ Päckchen Lebkuchengewürz, 100 g Zucker, 3 EL Honigwasser. Zum Verzieren: 10 geschälte Mandeln, 20 g Puderzucker, 3 Dörrzwetschgen, einige Rosinen.

Zunächst läßt man das Dörrobst in warmem Wasser etwa 10 Minuten quellen, läßt es dann gut abtropfen und vermischt es mit allen übrigen Zutaten und 250 g des Mischbrotteigs. Aus der Masse formt man einen großen oder zwei kleine Laibe. Den Rest des Teigs walkt man ziemlich dünn aus und umhüllt damit die Brote. Die Oberfläche wird geglättet und mit Honigwasser bestrichen. Dann stellt man das Ganze zum Gehen etwa 60 Minuten warm. Im vorgeheizten Backofen bäckt man dann das Kletzenbrot goldbraun aus. Zuletzt bestreicht man es (noch heiß) mit Honigwasser und garniert mit geschälten Mandeln, Rosinen und in Streifen geschnittenen (gequollenen) Zwetschgen, die man mit Puderzuckerguß anklebt.
Backzeit: ca. 60 Minuten
Temperatur: 220° C

Snackbrötchen »Stewardess« *(Bild S. 7)*

500 g Zwiebelbrotteig, 2 Avocados, 50 g Roquefort, 1 EL Olivenöl.

Teig zubereiten und gehen lassen. Währenddessen rührt man das Avocadofleisch und den Roquefort zu einer cremeartigen Masse, die man dann sehr sorgfältig unter den Zwiebelbrotteig knetet. Den Teig zu einer Rolle formen, 20 Stücke schneiden und diese zu Brötchen formen.
Auf ein ungefettetes Backblech legen, dünn mit Öl bepinseln und an einem warmen Ort aufgehen lassen.
Etwas Wasser auf den Boden des Backbleches gießen und die Brötchen auf der Mittelschiene abbacken.
Nach dem Herausnehmen die Brötchen noch schnell mit aufgekochtem Stärkewasser bestreichen.
Backzeit: ca. 35-40 Minuten
Temperatur: 240° C

Grahamstangen

1 Paket Brotmischung Grahambrot, ¼ l lauwarmes Wasser, 1 Päckchen Trockenhefe (40 g), etwas Mehl, 1 KL Stärkemehl, 2-3 EL Bier.

Aus der Brotmischung mit der angegebenen Flüssigkeitsmenge der Hefe einen Teig kneten und zugedeckt gehen lassen. Den Teig danach zu einer länglichen Rolle formen und in etwa 20 gleich große Stücke schneiden. Diese zu kleinen, an den Enden spitz zulaufenden Stangen formen und auf das gefettete Backblech legen. Zugedeckt nochmals 30 Minuten gehen lassen, dann mit Wasser bepinseln.

Im vorgeheizten Backofen backen. Mit einem Hölzchen prüfen, ob die Stangen gut durchgebacken sind und sie in den letzten Minuten eventuell mit einer Mischung aus Stärkemehl und Bier bepinseln.

Die Grahamstangen passen auf den Frühstückstisch genausogut wie zu einer Brotzeit am Nachmittag oder Abend.

Backzeit: 15-20 Minuten
Temperatur: 225° C

Zwiebelbrot

1 Paket Backmischung Landbrot, (Wasser-, Hefe- oder Eizugabe nach Packungsanweisung), 2 große Zwiebeln, 1-2 EL Öl, 1 Msp. Pfeffer, 1 KL würzflüssiger Kümmel.

Aus der Backmischung mit den auf der Packung angegebenen Zutaten einen Brotteig bereiten. Während der Teig geht, die Zwiebeln schälen, in Würfeln schneiden und in heißem Öl kräftig anbraten. Mit Pfeffer und Kümmelwürze vermischen, abkühlen lassen und unter den Brotteig kneten.

Ein längliches Brot oder vier kleine Zwiebelbrote formen. Auf das gefettete Backblech legen und nochmals gehen lassen. Die Oberfläche mit Wasser bepinseln, eventuell auch mit Einschnitten versehen. Im vorgeheizten Backofen dunkelbraun backen.

Backzeit: ca. 90 Minuten
Temperatur: 225° C

Nußbrot

1 kg Bauernbrotmischung, 2 Päckchen Trockenhefe (oder 2 Würfel frische Hefe; 80 g) etwa ¾ l lauwarmes Wasser, 100 g Walnußkerne, je 50 g Haselnußkerne, Paranüsse, Cashewkerne, Leinsamen, 1 KL gerebeltes Basilikum und ½ KL Pfeffer.

Die Hefe in lauwarmem Wasser auflösen und 5 Minuten stehenlassen. Dann die Bauernbrotmischung zugeben und zu einem glatten Teig verkneten. In diesem Fall nicht das Handrührgerät verwenden, da sich der zähe Teig an den Knethaken zu sehr in die Höhe zieht und das Gerät verklebt. Den Teig mit einem Küchentuch abdecken und an einem warmen Ort 20-30 Minuten gehen lassen.

Unterdessen die Nüsse grob hacken. Mit Leinsamen und Gewürzen unter den Teig kneten.

Diesen zu einem großen runden Brotlaib formen oder in eine gefettete Kastenbrotform geben. Das Brot mit Wasser bepinseln und eventuell mit etwas Mehl bestäuben. Nochmals gehen lassen, dann im vorgeheizten Backofen in 60-70 Minuten backen. Vor dem Herausnehmen prüfen, ob das Brot gut durchgebacken ist. Eventuell die Oberfläche nochmals mit Wasser – oder Bier – bepinseln und noch einige Minuten bei stärkerer Oberhitze backen.

Frisch gebacken schmeckt dieses Brot am besten nur mit Butter, aber natürlich auch zu einer deftigen Brotzeit mit Schmalz, Wurst und Käse.

Backzeit: 60-70 Minuten
Temperatur: 225° C

Allerlei Brötchen

Bunte Brötchenplatte

500 g Mehl, 1 Prise Salz, 40 g frische Hefe (1 Würfel), 1 KL Zucker, 0,3 l Milch, 40 g Magarine, 1 Ei; zum Bestreuen: Kümmel, Leinsamen, Sesam, Mohn, grobes Salz, geröstete Zwiebeln.

Hefe und Zucker in einer Tasse aufrühren. In der Zwischenzeit Mehl und Salz mischen. Milch und Margarine dazugeben und unterrühren. Hefe dazugeben und alles gut durchkneten. Es muß ein geschmeidiger Teig entstehen. Warm stellen und 20 Minuten gehen lassen.
In der Zwischenzeit ein Backblech ausfetten und das Ei gut verquirlen. Den Teig erneut durchkneten und zu nicht zu großen Brötchen rollen. In Reihen auf das Backblech legen. Je eine Reihe mit dem Ei bepinseln und mit Kümmel, Leinsamen, Sesam, Mohn, grobem Salz oder gerösteten Zwiebeln bestreuen. Erneut 10 Minuten gehen lassen.
Backzeit: 30 Minuten
Temperatur: 200° C

Schinkentaschen

250 g Weizenmehl (Type 450 oder 550), 250 g Roggenbackschrot (Type 1800), 40 g frische Hefe (1 Würfel), 1 KL Zucker, 1 Prise Salz, 40 g Margarine, 0,3 l Malzbier, 500 g gekochter Schinken oder Rindersaftschinken mit grünem Pfeffer, 1 Ei.

Hefe mit Zucker in einer Tasse aufrühren. In der Zwischenzeit das Mehl mit dem Salz vermischen, Bier und Margarine unterrühren. Hefe dazugeben und gut durchkneten. Der Teig muß geschmeidig sein. Warm stellen und 20 Minuten gehen lassen.
Erneut durchkneten. Ausrollen und in 10 cm große Quadrate schneiden. Mit den Schinkenscheiben belegen. Aufrollen und an den Seiten gut schließen. Auf ein gefettetes Backblech legen und erneut 10 Minuten gehen lassen. Das Ei verquirlen und die Schinkentaschen damit bestreichen. Bei 200 Grad 25-30 Minuten backen. Heiß servieren.

Quarkbrötchen

500 g Mehl, 250 g Magerquark, 40 g frische Hefe (1 Würfel), 1 geh. KL Zucker, 1 große Prise Salz, 0,2 l Buttermilch, 40 g Margarine, Milch zum Bestreichen.

Hefe mit Zucker in einer Tasse aufrühren. In der Zwischenzeit Mehl und Salz mischen. Quark, Buttermilch und Margarine dazugeben und einmal durchrühren. Die Hefe hinzugeben und alles gut durchkneten. Der Teig muß geschmeidig sein. An einem warmen Ort stehen und gehen lassen.
Erneut durchkneten. Brötchen formen und auf einem gefetteten Backblech noch einmal 10 Minuten gehen lassen. Mit Milch bestreichen und mit dem Messer einschneiden. Bei 200 Grad 15-20 Minuten backen. Herausnehmen und entweder warm servieren oder unter einem Handtuch langsam auskühlen lassen.

Laugenbrötchen

500 g Mehl, 1 Prise Salz, 0,3 l Wasser, 40 g Margarine, 40 g frische Hefe (1 Würfel), 1 KL Zucker, 1 geh. EL grobes Salz; für die Lauge: 100 g Natriumkarbonat aus der Apotheke, 1 l Wasser.

Hefe mit Zucker in einer Tasse aufrühren. In der Zwischenzeit Mehl mit Salz vermischen. Wasser und Margarine dazugeben und unterrühren. Hefe dazugeben und gut durchkneten. Der Teig muß geschmeidig sein. Warm stellen und 20 Minuten gehen lassen.
Erneut durchkneten. Zu kleinen Brötchen rollen. Die Lauge aufkochen. Brötchen kurz noch einmal aufgehen lassen. Dann in der Lauge kurz abkochen; abtropfen lassen und sofort auf ein gefettetes Backblech geben. Bei 200 Grad 30 Minuten gut braun backen.

Kochen mit Brot

Hat Sie das Selbstbacken Ihres Brotes nicht auch schon auf den Gedanken gebracht, dieses anstelle von Reis, Nudeln oder Kartoffeln in Ihrer Küche zu verwenden? In diesem Teil des Buches finden Sie genügend Rezepte zur Anregung oder Unterstützung. Ob belegt, überbacken oder gefüllt, den Möglichkeiten für Zutaten und Gewürze sind keine Grenzen gesetzt. Da Brot sowieso immer im Haus ist, brauchen Sie nur anzufangen.

Vorspeisen

Am Beginn einer Mahlzeit stehen die Vorspeisen, die den Gaumen und Magen anregen sollen, die kleinen Canapés und Schnittchen, Toasts oder Mini-Pizzas; sie haben dazu noch den Vorteil, daß sie sich schnell in eine kleine Mahlzeit verwandeln lassen.

Canapés ▶

Canapés können Sie nicht nur zur Cocktail-Party reichen, sondern auch als Vorspeise. Schneiden Sie dazu Weiß-, Schwarz- oder Mischbrotscheiben rechteckig, quadratisch, rautenförmig, rund oder oval, bestreichen Sie sie mit Butter oder einer pikanten Buttermischung und »modellieren« Sie eine appetitanregende bunte Platte mit verschiedenem Fleisch, Roastbeef, natürlich mit einer pikanten Sauce wie Remoulade oder anderen Köstlichkeiten, etwa einem Waldorfsalat, ergänzt. Auch Kalbs- oder Schweinebraten, roher oder gekochter Schinken, Tatar, Mett, Wild, unterschiedliche Wurstsorten, vor allem Hartwurst, jeweils mit Cornichons, Zwiebelringen usw. garniert, passen gut.

Mit Geflügel aller Art: zum Beispiel Hühner- oder Gänsebrust in Scheiben, Enten- oder Putenfleisch, ebenso Scheiben von Wildgeflügel.

Mit Fisch: Ölsardinen, Thunfisch, Bückling, geräucherter Aal, geräucherter Lachs, Kaviar.

Mit Eiern: hartgekochte Eischeiben, hübsch garniert mit Mayonnaise, Kapern usw., Rührei u. v. a.

Mit Käse: vor allem Hartkäse, aber auch sogenannter »angemachter« Käse wie z. B. den bayerischen »Obatztn«. – Nehmen Sie auch einmal etwas Ausgefallenes wie den englischen Stilton oder Cheddar.

Mit Gemüsesorten (die Sie natürlich vorher garen müssen): auf einer Unterlage von rohem oder gekochtem Schinken, Eiern oder Käse. Nehmen Sie hauptsächlich Spargel, Avocados, Auberginen, auch Blumenkohl, und vergessen Sie nicht pikante Saucen dazu.

Beliebte Kombinationen sind beispielsweise: Roher Schinken mit Melone, gekochter Schinken mit Meerrettich, Leberpastete mit Gewürzgurken, Salami mit Remouladenklecks;

Aal oder Lachs mit Ei, Krabben mit Gewürzgurken oder Dill, Matjeshering mit Apfelscheiben, Kaviar auf würziger Sahne;

Roquefort mit Nüssen, Camembert mit Mandarinen, oder Preiselbeermarmelade, Gorgonzola mit Sahne und Mandeln, Gervais mit Oliven, Sardellen oder Kapern;

Tomaten mit Zwiebeln, mit Sahnekäsecreme, Maiskölbchen, Salatgurke, Ananas.

Eiffelturm ▲

16 Scheiben Toastbrot, je 4 Scheiben verschiedene Sorten kaltes Fleisch, zum Beispiel kalter Braten, Schinken roh und gekocht, oder Geflügelbrust, nach Möglichkeit keine Wurst, 3 hartgekochte Eier, in Scheiben, 12 EL Mayonnaise oder Remouladen-Sauce, 8 große Salatblätter, 4 Tomaten, in Scheiben, Salz und Pfeffer, 4 dünne Holzstäbchen, unten zugespitzt.

Die Toastscheiben rösten Sie im Toaster schön goldbraun und stellen sie warm. Die Fleisch- und Schinkensorten vorbereiten, das Fleisch nach Geschmack leicht salzen und pfeffern, Eier und Tomaten in Scheiben schneiden, Salatblätter waschen und trocken schleudern. Nun können Sie mit dem Aufbau des Eiffelturms beginnen: Als Grundlage jeweils 1 Toastscheibe, die mit 1 KL Mayonnaise oder Remouladen-Sauce bestrichen wird. Darauf kommt 1 Salatblatt und 1 Scheibe kalter Braten, darauf 2 Ei- oder Tomatenscheiben, darüber wieder 1 Toastscheibe, wieder mit Mayonnaise oder Remouladen-Sauce bestrichen und so weiter immer abwechselnd. So stocken Sie den Turm auf, wobei sie den Toast nach Belieben mit den vorhandenen Braten- oder Schinkenscheiben sowie mit Ei- oder Tomatenscheiben belegen können. Zuletzt mit einem Holzstäbchen in der Mitte fixieren und mit einem Fähnchen oder einer Ei- und Tomatenscheibe verzieren.

Pumpernickeltorte pikant ▶

Pumpernickel je nach Größe der Torte,
Schinkenfüllung: 100 g Butter, 1 EL Senf, 1 Zwiebel, 100 g gekochter Schinken, 1 Prise Muskatnuß, Salz und Pfeffer.
Käsefüllung: 200 g Frischkäsecreme (Gervais, Philadelphia usw.) 2-3 EL saure Sahne (Sauerrahm), 1 Bd. Schnittlauch, 1 Msp. Cayennepfeffer.
Garnierung: 2 Scheiben Pumpernickel, etwas geriebener Pumpernickel, 3-4 Scheibletten Emmentaler oder Goudakäse, 12 Scheiben Lachsschinken oder roher Schinken, 1 hart gekochtes Ei, einige Cornichons und Sardellenfilets, eventuell Salzbrezelchen, Salzstangen, Kartoffelchips und ½ Kästchen Gartenkresse.

Bereiten Sie die Füllungen vor und stellen Sie sie kühl. Für die Schinkenfüllung Butter und Senf in einer Schüssel cremig rühren. Die geschälte Zwiebel und den Schinken sehr fein hacken und mit Pfeffer und Muskatnuß unter die Butter rühren. Für die Käsefüllung die Frischkäsecreme mit der sauren Sahne, Cayennepfeffer und feingeschnittenem Schnittlauch verrühren.
Nehmen Sie eine ebene Platte, einen großen Teller oder den Boden einer Springform (24 cm Durchmesser). Belegen Sie diesen mit den Pumpernickelscheiben und runden Sie die Ecken ab. Damit der Boden stabil wird, legen Sie eine zweite Lage Pumpernickel darüber, und zwar so versetzt, daß die Fugen überdeckt sind. Streichen Sie die Schinkencreme dick auf diesen Boden. Dann legen Sie eine weitere Lage Pumpernickel darauf. Diesen Boden bestreichen Sie mit der Hälfte der Käsecreme. Darauf kommt zum Abschluß wieder eine Lage Pumpernickel. Außenrand und Oberfläche der Torte bestreichen Sie mit der restlichen Käsecreme. Den Außenrand bestreuen Sie zusätzlich noch mit geriebenem Pumpernickel. Die Tortenoberfläche garnieren Sie mit Schinkenröllchen, Pumpernickel- oder Käsedreiecken, gehacktem Ei oder pikanten Knabbereien. Auch Cornichons und frische Kräuter wie Dill, Kresse oder Pepperoni eignen sich dazu.
Im Kühlschrank 1-2 Stunden durchkühlen lassen, mit frischer Gartenkresse garnieren und servieren.
Die runde Form ist erfahrungsgemäß etwas komplizierter. Doch läßt sich diese Torte auch quadratisch oder rechteckig formen. Auch kann man sie beliebig erhöhen, indem man weitere Schichten und Füllungen nach eigenem Geschmack herstellt.
Man kann auch mit einer gespritzten Dekoration variieren. Dazu wird zum Beispiel 200 g vollfetter Schmelzkäse glattgerührt und in den Spritzbeutel gegeben.

Graham-Filet Super ◄

1 Grahambrot (500 g) oder 4 Graham-Brötchen, 1 Schweinefilet (ca. 300-350 g), 200 g frische Champignons (blättrig geschnitten), 1 Zwiebel, 1 EL feingehackte Petersilie, 50 g Butter, 1-2 EL süße Sahne, 1 Ei, Salz und (weißer) Pfeffer.

Das Filet in Butter von allen Seiten knusprig braun braten, salzen, pfeffern und warmstellen. Dann die Champignons mit der Petersilie und der Zwiebel, beides feingehackt, im Butterrest dünsten; nach etwa 5 Minuten die Sahne unterziehen und etwas eindicken lassen. Das Grahambrot bzw. die Brötchen der Länge nach halbieren, aushöhlen und in den unteren Teil eine Lage Champignons füllen. Darauf legen Sie schichtweise eine Hälfte des ebenfalls längsseits halbierten Filets (bei den Brötchen entsprechend), dann Champignons, darauf die andere Filethälfte. Zum Abschluß häufeln Sie wieder Champignons. Darüber stülpen Sie die obere Hälfte des Brotes oder der Brötchen und überbacken alles im vorgeheizten Backofen. Gegen Ende des Überbackens bepinseln Sie das Brot oder die Brötchen mit etwas verquirltem Ei.
Wenn kein Grahambrot verfügbar ist, können Sie dieses Gericht auch mit Weißbrot oder Brötchen als »Filet-Superb« zubereiten.
Man kann das Fleisch auch klein würfeln oder schnetzeln und mit den Champignons vermischt zwischen die Brot- bzw. Brötchenhälften geben.
Backzeit: ca. 10 Minuten
Temperatur: 180° C

Kasseler Apfel-Brot

500 g Mischbrotteig, ¼ l lauwarmes Wasser. Für die Füllung: ca. 900 g Kasseler (ohne Fett und Knochen, am Stück), ca. 400 g Äpfel Cox-Orange, ⅛ l Weißwein, 3 EL Wasser.

Die in Spalten geschnittenen Äpfel in Wein und Wasser so zum Kochen bringen, daß sie nicht zerfallen, und wieder erkalten lassen. Teig nach Vorschrift vorbereiten und auf einem mit Mehl bestäubten Kuchenbrett ausrollen. Apfelstücke in die Mitte legen, Kasseler darauf plazieren, und jetzt die restlichen Apfelstücke auf das Fleisch legen. Die mit Wasser bestrichenen Teigränder vorsichtig andrücken und das Brot auf ein gefettetes Backblech legen. Oberfläche verzieren. Mit einer spitzen Nadel mehrmals einstechen, damit Dampf entweichen kann. Darauf achten, daß die Naht auf die Seite kommt. Brot mehrmals gehen lassen, mit Wasser bestreichen und im vorgeheizten Backofen backen.
Backzeit: etwa 70 Minuten
Temperatur: ca. 225° C

Exoten-Sandwich

12 Scheiben Weißbrot, 500 g Kalbsfilet, 1 KL Salz, 1 KL Curry hot, 50 g Butter, ½ Kopfsalat, 2 EL italienische Salatsauce, 2 Bananen, 6 KL Mayonnaise.

6 Scheiben Weißbrot ausbreiten. Das Kalbsfilet mit Salz und Curry einreiben, in der heißen Butter in einem Tiegel das Fleischstück im ganzen kräftig anbraten, bei milderer Hitze gar braten. Vollständig erkalten lassen. Die 6 Weißbrotscheiben mit vorbereiteten Salatblättern belegen, mit etwas italienischer Salatsauce bespritzen. Diese Schnitten mit je einer Kalbfleischscheibe besetzen (das erkaltete Filet vorher in 6 Scheiben teilen) und mit Bananenscheibchen abschließen. Darüber etwas Mayonnaise verteilen und mit der restlichen Weißbrotscheibe abdecken.

Ochsenfilet-Sandwich

12 Scheiben Weißbrot, 500 g Ochsenfilet, 1½ KL Salz, ¼ KL Pfeffer, 1 Msp. Ingwer, 1 KL Paprikapulver, 3 EL Öl, 2 EL Butter, ½ Salatgurke, 6 kleine Gewürzgurken, 1 Tasse Paprikastreifchen aus der Dose, 3 hartgekochte Eier.

6 Weißbrotscheiben auf einem Holzbrett ausbreiten. Das Ochsenfilet (Rindsfilet können Sie's auch nennen) sorgfältig von Haut und Sehnen befreien und in 6 Scheiben teilen. Das Salz mit dem Pfeffer, Ingwer, Paprikapulver und Öl mit einer Gabel vermischen, über die Fleischscheiben gießen und einige Zeit durchziehen lassen. Am besten ist es, das würzige Bad mit den Fingern in die Fleischscheiben einzumassieren. Dann die Butter im Tiegel erhitzen, die abgetupften Filetscheiben darin kroß braten (Sie können die Filets auch unterm Grill garen). Die Scheiben sollen außen knusprig, innen noch zart rosig bleiben. Also ganz kurze Brat- oder Grillzeit! Die garen Fleischscheiben erkalten lassen. Die 6 Weißbrotscheiben in der Zwischenzeit mit Gurkenscheibchen belegen, darauf die Fleischscheiben heben. Die Gewürzgurken fächerförmig einschneiden und zusammen mit den Paprikastreifchen und jeweils einem halben hartgekochten, geschälten Ei auf die Steaks legen. Mit der zweiten Weißbrotscheibe abdecken. Mit Grün verzieren.

Weißbrot mit Aspikfülle

½ l Wasser, ½ KL Salz, 3-4 EL Essig, 1 KL gekörnte Brühe, ¼ KL weißer Pfeffer, ¼ l Weißwein, 6 Blatt weiße Gelatine, 1 kleines Weißbrot (500 g), 2 Paar Wiener Würstchen, 2 hartgekochte Eier, 1 Tasse Erbsen aus der Dose, ½ Tasse gewürfelte Karotten aus der Dose, ½ Tasse eingelegte Paprikaschoten.

Das Wasser mit dem Salz, Essig, der gekörnten Brühe und dem Pfeffer zum Kochen bringen. Dann den Weißwein zugießen. Die Gelatine in kaltem Wasser einweichen, nach etwa 10 Minuten wieder fest ausdrücken und in der heißen Brühe auflösen. Von dem Weißbrot, das mindestens einen Tag alt sein muß, eine Kappe ausscheiden und das Innere mit einem langen, scharfen Messer ausschneiden. Dabei die Rinde nicht verletzen. Die Wiener Würstchen, die hartgekochten, geschälten Eier in Scheibchen schneiden und mit dem Gemüse in das Brot füllen (Paprikaschoten in Streifchen schneiden). Das Brot aufrecht halten und die schon erkaltete, jedoch nicht erstarrte Aspikbrühe eingießen. Es ist hier besonders wichtig, daß die Brühe schon fast anzieht, da sonst die Flüssigkeit in das Brot eindringt und es weich und unappetitlich macht. Das gefüllte Brot in den Kühlschrank legen, bis die Füllung vollständig erstarrt ist. In Scheiben geschnitten wird es serviert.

Die Füllungen lassen sich nach Lust und Laune abwandeln, mit Kräutern, Schinkenwürfeln, Fleischresten. Damit die Füllung schnittfest wird, kann sie auch in Quark und gestoßener weißer Gelatine angerührt werden. Kaltgestellt werden muß das gefüllte Brot auf jeden Fall!

Schinkenspeck-Krapfen mit Käse

200 g Hefeteig aus weißem Mehl, 75 g gekochter Schinken und 75 g gekochter durchwachsener Räucherspeck, 2 Eier, 100-150 g geriebener Emmentaler (wer es schärfer liebt, kann auch geriebenen Parmesan nehmen), je 1 Msp. Rosmarin, Thymian, Salbei und Basilikum (alles gerebelt), Salz und Pfeffer.

Schinken und Räucherspeck mit dem Wiegemesser fein wiegen (nicht durch den Wolf drehen). Die Eier gut verquirlen, mit dem Käse, Schinken und Räucherspeck vermengen, die Gewürze dazu geben, mit Salz und Pfeffer abschmecken und zu einer sämigen Masse verarbeiten. Wenn die Masse zu flüssig ist, noch Käse dazugeben.
Der vorher zubereitete Teig wird dünn ausgewalkt und mit dem Messer oder Teigrädchen in vier portionsgerechte Stücke geteilt, die jeweils mit einem Viertel der Füllmasse gefüllt werden. Die Teigränder schlagen Sie übereinander, bepinseln sie mit Wasser und drücken sie fest an.
Sie können diese Schinkenspeck-Krapfen entweder in einer Friteuse schwimmend ausbacken, bis sie eine schöne goldbraune Farbe haben, oder auch im vorgeheizten Backofen auf einem leicht gefetteten Backblech ausbacken. In diesem Fall sollten Sie unbedingt kurz vor dem Herausnehmen aus dem Ofen die Krapfen leicht mit etwas verquirltem Ei bepinseln. Zum Schluß Oberhitze geben.
Backzeit: ca. 12-15 Minuten
Temperatur: ca. 180-200° C (beim Backen im Backofen)

Pezzi-Pizzi

4 Toast- oder Weißbrotscheiben, 16 dünne Scheiben Salami oder Hartwurst, 8 Scheiben Tomaten, 2 EL feingehackte Schalotten, ½ KL Oregano oder Majoran, ½ KL gerebelter Rosmarin, ½ KL Thymian, 75 g Butter, 100 g geriebener Emmentaler, Pfeffer nach Geschmack, 4 Prisen edelsüßer Paprika. Garnierung: 32 gefüllte Oliven, 2 Tomaten.

Die Toastscheiben werden zunächst auf einer Seite leicht mit Butter bestrichen und in eine – ebenfalls leicht gebutterte – Glasform oder auf ein Backblech gelegt. Jede Toastscheibe belegen Sie nun mit 4 Scheiben Salami (oder Hartwurst) und geben darauf je 4 Tomatenscheiben, die Sie zuvor auf beiden Seiten leicht angebraten haben. – Auf die Tomatenscheiben streuen Sie nun die ebenfalls vorher angebratenen Schalotten, auf die Sie die gut miteinander gemischten Gewürze geben. Verteilen Sie nun den geriebenen Emmentaler gleichmäßig über den Belag und setzen Sie Butterflöckchen darauf. Im vorgeheizten Backofen überbacken Sie die Pezzi-Pizzi, bis der Käse leicht goldbraun wird. Aus dem Ofen nehmen und mit jeweils

einer Prise edelsüßem Paprika überstäuben. Setzen Sie auf jeden Toast 4 gefüllte Oliven, und garnieren Sie den Teller mit Tomatenachteln und weiteren Oliven.
Wenn Sie statt Hartwurst oder Salami Kochsalami oder sogar Schinkenwurst nehmen, müssen die Scheiben etwas dicker sein.
Backzeit: ca. 10 Minuten
Temperatur: ca. 180-200° C

Gaumen-Kitzler ▲

300 g Weißbrotteig (wer es deftiger mag, nimmt Roggenbrotteig), 150 g gekochtes oder gebratenes Rind- oder Schweinefleisch, 150 g geräucherter, durchwachsener Bauchspeck oder gekochter Schinken, 1-2 süßsaure Äpfel, Saft von 1 Zitrone, 1-2 Eier, 1 Eigelb zum Bepinseln, je ¼ KL gerebelter Rosmarin, gerebelter Majoran, gerebeltes Basilikum, Salbei, Salz und Pfeffer.

Das Fleisch (am besten nimmt man vorhandene Reste) mit dem durchwachsenen Räucherspeck und den geschälten und entkernten Äpfeln, die mit Zitronensaft beträufelt werden, damit sie nicht braun werden, ziemlich klein würfeln. Mit den Eiern zu einer sämigen Masse verarbeiten, die Gewürze darunter mengen, salzen und pfeffern. Nun walken Sie den Teig dünn aus und geben die Füllmasse entweder im ganzen hinein oder teilen den Teig portionsweise auf und füllen die Teile. Den Teig einschlagen, die Ränder mit Wasser bepinseln und an allen Seiten gut verschließen, damit kein Saft austreten kann. Stechen Sie mit einer Gabel Löcher in den Teig, damit der Dampf entweichen kann. Backen Sie im vorgeheizten Backofen den Gaumen-Kitzler auf einem mit Wasser besprengten Backblech gar. Sobald der Teig zu bräunen beginnt, überpinseln Sie die Oberseite mit verquirltem Ei.
Backzeit: ca. 30-35 Minuten bei Weißbrotteig, ca. 45-50 Minuten bei Roggenbrotteig
Temperatur: ca. 200° C

Hungaria-Toast

4 Toastscheiben, 100 g geriebener Emmentaler, 4 Scheiben Emmentaler, 40-50 g Butter, 2 Eigelb, 2-3 geschälte Tomaten, 1 grüne Paprikaschote, 2 Schalotten oder 1 kleine Zwiebel, 1-2 Knoblauchzehen, Salz und edelsüßer Paprika.

Zuerst die Tomaten schälen, entkernen und würfeln. Die Paprikaschote ebenfalls entkernen und fein wiegen. Nun erhitzen Sie die Butter und dünsten darin die Tomaten und die Paprikaschote so lange, bis fast keine Flüssigkeit mehr vorhanden ist. Jetzt erst mischen Sie den geriebenen Emmentaler darunter und lassen ihn unter ständigem Rühren – auf reduziertem Feuer – zergehen. Danach nehmen Sie diese Paste vom Feuer und rühren die zerquirlten Eigelb sowie die zerdrückte Knoblauchzehe darunter und vermischen alles gut miteinander. Da der Käse schon ziemlich stark würzt, mit Salz und edelsüßem Paprika vorsichtig abschmecken. Diese Masse streichen Sie nun etwa fingerdick auf die Toastscheiben (die Sie – wenn Sie nicht auf Kalorien bzw. Joule achten müssen, ganz leicht buttern können) und decken jeden Toast mit einer Scheibe Emmentaler ab. Überbacken Sie den Toast im Grill oder im vorgeheizten Backofen so lange, bis die obenaufgelegte Käsescheibe zerläuft. Nun überstäuben Sie jeden Toast mit einer Prise edelsüßem Paprika und servieren ihn auf einem grünen Salatblatt.
Backzeit: ca. 5-6 Minuten
Temperatur: ca. 180-200° C

Champignon-Toast Romeo

4 Toastscheiben, bereits getoastet, 100 g gekochter, kleingewürfelter Schinken, 100 g geriebener Emmentaler, 100 g Butter, 2 Eigelb, 1-2 EL süße Sahne, 200 g frische, in Scheiben geschnittene Champignons, 1-2 feingehackte Schalotten, 2 Tomaten (geachtelt), 2 EL feingehackte Petersilie, ½ KL Oregano oder Majoran, Salz und (weißer) Pfeffer.

Auf dem Boden einer leichtgefetteten Glasform (oder auf einem gefetteten Backblech, wenn Sie mehr als vier Portionen benötigen – aber dann müssen Sie die Zutaten entsprechend vermehren) werden die dünn mit Butter bestrichenen Toastscheiben angerichtet und darauf die in etwas Butter angeglasten Schalotten und die ebenfalls angeglasten Schinkenwürfel, gut miteinander vermischt, verteilt. Die zuvor in Scheiben geschnittenen und mit Petersilie in Butter gedünsteten Champignons nimmt man vom Feuer, reduziert den Saft, unterzieht die mit Sahne verquirlten Eigelb und würzt mit Oregano, weißem Pfeffer und Salz. Dann verteilt man die Masse über die Schalotten/Schinkenmischung auf die Toasts. Darüber wird der geriebene Käse gestreut und darauf setzen Sie einige Butterflöckchen. Als Abschluß legen Sie auf jeden Toast 4 Achtel einer Tomate, mit etwas Oregano oder Majoran bestreut und einem Butterflöckchen obendrauf. Im vorgeheizten Backofen überbacken Sie den Champignon Toast Romeo. Wenn der Käse sich goldgelb färbt, ist der Toast fertig.
Backzeit: 8-10 Minuten (zuletzt etwas Oberhitze geben)
Temperatur: 180° C

Gourmet-Toast

4 Toastscheiben, 4 Scheiben Kalbsleber, 60 g Butter, 60 g Kräuterbutter, 1 süßsaurer Apfel, 100 g geriebener Emmentaler, 4 Msp Majoran, Salz und Pfeffer.

Die Toastscheiben leicht anrösten und dann warm halten. Schälen Sie den Apfel, schneiden Sie ihn in 4 mitteldicke Scheiben und entfernen Sie das Kerngehäuse sorgfältig. Nun erhitzen Sie in einer Pfanne 40 g Butter und braten darin die vier Leberscheiben auf beiden Seiten, nachdem sie zunächst ein wenig gepfeffert wurden. In dem gleichen Fett braten Sie die Apfelscheiben ebenfalls auf beiden Seiten, bis sie leicht gebräunt sind. Vor dem Herausnehmen salzen Sie die Leberschnitten etwas und legen eine davon auf jeden mit Kräuterbutter bestrichenen Toast. Über die Leber geben Sie jeweils eine kleine Messerspitze Majoran und decken sie mit einer Apfelscheibe ab. Dann bestreuen Sie den Toast mit geriebenem Emmentaler, auf den Sie noch einige Butterflöckchen setzen, und überbacken ihn im vorgeheizten Backrohr oder im Grill, bis der Käse schön goldbraun ist.

Diesen Toast können Sie auch als Vorspeise servieren. Wird er zum Brunch gegessen, empfiehlt es sich jedoch, die Leber- und Apfelscheiben zu verdoppeln und schichtweise auf den Toast zu legen.
Backzeit: ca. 6-8 Minuten
Temperatur: 180° C

Madames Toast

4 Toastscheiben, 100 g gekochter Schinken, 160-200 g Shrimps (oder Langostinos), 4 Scheiben Edamer- oder Schweizerkäse, 100 g Butter, 200 g frische Champignons, 2 EL feingewiegte Petersilie, Saft von ½ Zitrone, Salz und Pfeffer.

Als erstes schneiden Sie den gekochten Schinken à la Julienne (das heißt in feine dünne Streifen) und dünsten ihn in ca. 20 g Butter. Die in Scheiben geschnittenen, leicht gesalzenen Champignons werden mit feingewiegter Petersilie in 20 g Butter ebenfalls gedünstet und dann – gut abgetropft – mit dem Schinken vermischt. Pfeffern Sie nach Geschmack und verteilen Sie die Masse gleichmäßig auf die hauchdünn gebutterten und zuvor angerösteten Toastscheiben. Lassen Sie in einer anderen Pfanne den Rest der Butter zergehen, dünsten Sie darin die mit etwas Zitronensaft beträufelten Shrimps leicht an, schmecken sie mit Salz und weißem Pfeffer ab und verteilen Sie sie nun gleichmäßig auf den Champignons; decken Sie sie mit jeweils einer Scheibe von Edamer- oder Schweizerkäse ab. Die Käsescheibe sollte etwas kleiner als die Toastscheibe sein. Überbacken Sie diesen Toast im vorgeheizten Backofen oder im Grill so lange, bis der Käse langsam zu schmelzen beginnt. Servieren Sie ihn auf vorgewärmtem Teller, mit warmen Shrimps garniert.
Backzeit: ca. 6-8 Minuten
Temperatur: 180° C

Suppen

Daß mit Brot auch Suppe gekocht werden kann, ist bekannt. Daß es aber auch regional verschiedene Varianten der Brotsuppe gibt, die im Gegensatz zu eventuellen Erinnerungen aus den vierziger Jahren den verwöhntesten Gaumen zufriedenstellen, beweist das folgende Kapitel.
Zu einigen Suppen werden nur die Eigelb verwandt. Das übrigbleibende Eiweiß kann man entweder tiefgefroren monatelang aufbewahren. Es läßt sich dann genau so gut wie frisches verarbeiten. Oder man verwertet es zur Zubereitung einer Nachspeise. Ein Dessert, das sich besonders dazu eignet, ist das Palatia-Dessert.

Hamburger Brotsuppe

2 Scheiben Vollkornbrot (ca. 100 g), 1 Brötchen, 30 g Butter, 2 Eigelb, ⅛ l süße Sahne, ½ l trockener Weißwein, ¼ l Wasser, 50 g Rosinen oder Sultaninen, Saft einer ¼ Zitrone, je ca. ½ KL Salz und Zucker, ½ Zimtstange.

Die Brotscheiben und das Brötchen klein würfeln und im Wasser etwa 10 Minuten weichkochen. Die halbe Zimtstange mitkochen und nach ca. 6-8 Minuten herausnehmen. Die Suppe nun durch ein Sieb streichen und mit Salz und Zucker (würzen Sie hier nach Ihrem Geschmack) abschmecken. Die Sahne mit den beiden Eigelb verkleppern und mit den Rosinen bzw. Sultaninen in die Masse geben. Die Butter darin unter ständigem Rühren zergehen lassen und den Zitronensaft einträufeln. Abschließend den Weißwein zugeben und alles zusammen heiß werden, aber nicht mehr kochen lassen. In vorgewärmte Suppentassen oder -teller gießen und eventuell mit einem Klecks leicht gesüßter Schlagsahne krönen. – Diese Hamburger – bzw. norddeutsche – Spezialität ist leider in Süddeutschland (wo man mehr die sogenannten »salzigen Suppen« bevorzugt) kaum bekannt. Aber es lohnt sich wirklich, sie wegen ihres vorzüglichen Geschmacks einmal auszuprobieren.
Wer keine süße Suppe mag, kann dann die Rosinen bzw. Sultaninen und den Zucker weglassen. Das Vollkornbrot sollte man dann gegen zwei Scheiben Roggenbrot (ca. 100 g) austauschen.

Aufgeschmalzene Brotsuppe

200 g trockenes Mischbrot (in ca. 2 Millimeter dünne Scheiben geschnitten), 1 l gute Fleischbrühe, 50 g Butter, 4 Eigelb, 6 Schalotten oder 2 Zwiebeln, 1 EL fein gehackter Schnittlauch, Salz und Pfeffer.

Es empfiehlt sich, das Brot in Scheibchen zu schneiden, bevor es ganz ausgetrocknet ist, es dann aber wirklich vollkommen hart werden zu lassen. Kochen Sie eine sehr gute Fleischbrühe, die Sie nach Ihrem Geschmack mit Salz und Pfeffer nachwürzen. (Es kann ruhig etwas schärfer sein, da die spätere Zugabe von Eigelb wieder mildernd wirkt.) Inzwischen rösten Sie in heißer Butter die in dünne Scheibchen geschnittenen Schalotten oder Zwiebeln knusprig und goldbraun. In die gut vorgewärmten Suppenteller oder -tassen legen Sie jeweils ca. 50 g der trockenen Brotscheibchen und geben darauf die gerösteten Schalottenscheibchen und je 1 Eigelb. Füllen Sie nun mit der kochend heißen Brühe auf, und überstreuen Sie alles mit etwas gehacktem Schnittlauch. Besonders Kalorien- bzw. Joule-Bewußte nehmen keine Fleischbrühe, sondern nur kochend heißes Wasser. Lassen Sie dann auch das Eigelb weg und begnügen Sie sich mit dem bißchen Fett der gerösteten Schalotten oder Zwiebeln.

Altdeutsche Biersuppe

¾ l Weiß- oder Alt- (obergäriges) Bier, 2-3 dünne Scheiben geröstetes Roggenbrot, 50 g Butter, ⅛ l süße Sahne, 1 kleingewürfelte Zwiebel, 1 EL gehackter Schnittlauch, 1 EL feingehackte Petersilie, 1 EL Kümmel, Salz und Pfeffer.

Zunächst zerlassen Sie die Butter goldgelb (nicht bräunen) und dünsten darin die Zwiebel glasig. Mit dem Bier ablöschen und dieses langsam erhitzen, ohne es zu kochen. Geben Sie gleich den Kümmel dazu und rühren Sie vorsichtig einige Male um.
Wenn das Bier gut warm ist, nehmen Sie den Topf vom Feuer und rühren die süße Sahne vorsichtig ein. Nun wird mit Salz und Pfeffer abgeschmeckt und alles gut heiß gemacht, ohne daß die Suppe aufkochen darf.
Rösten Sie inzwischen die Brotscheiben beidseitig in einer Pfanne in etwas Butter. (Wenn Sie einen besonderen Effekt fürs Auge erzielen wollen, schneiden Sie das Brot vor dem Rösten in Rauten oder eine andere Ihnen genehme Form.)
Die Suppe gießt man in die gut erwärmten Suppentassen oder -teller, legt die gerösteten Roggenbrotscheiben obenauf und überstreut alles mit gehacktem Schnittlauch und Petersilie.
Als Krönung kann man obenauf eine Haube von leicht gesalzenem Eischnee setzen und dann Schnittlauch und Petersilie darüberstreuen.

Spanische Brotsuppe

4 Scheiben Kastenweißbrot, 1 l Fleischbrühe, 4 EL Olivenöl, 4 EL süße Sahne, 2 Eier, 3-4 Knoblauchzehen, 1 KL Rosenpaprika, 1 EL fein gehackte Petersilie, Salz und Tabasco.

Das Öl erhitzen und darin das ziemlich kleingewürfelte Weißbrot allseitig goldbraun rösten. Nun den Topf vom Feuer nehmen und das Brot mit Paprika bestreuen. Den feingewiegten (nicht durch eine Presse gedrückten) Knoblauch hinzugeben, alles gut verrühren und dann mit der heißen Fleischbrühe aufgießen. Mit Salz und Tabasco nach Ihrem Geschmack würzen; es darf ruhig etwas scharf sein. Nun geben Sie den Topf wieder auf das Feuer und lassen die Suppe ungefähr 15-20 Minuten langsam kochen, ohne daß sie aufwallt. Dann nehmen Sie den Topf wieder vom Feuer und schlagen die Suppe so lange mit einem Schneebesen, bis sich das Brot vollkommen aufgelöst hat und sämig geworden ist. Anschließend werden die mit der Sahne verquirlten Eier unter ständigem Rühren mit dem Schneebesen beigegeben.
Die Suppe wird jetzt wieder auf etwas kleinerem Feuer erhitzt. Sie darf aber nicht mehr kochen, da sie sonst gerinnt. Falls notwendig etwas nachwürzen, dann in vorgewärmte Suppentassen oder -teller geben und mit Petersilie bestreut servieren.

Leberwurst-Brotsuppe ▲

150 g (3 Scheiben) dunkles Misch- oder Roggenbrot, 1 l kräftige Fleischbrühe, 40 g Butter, 3 Eier, ca. 150 g grobe, geräucherte Bauernleberwurst, 2 Knoblauchzehen, 2 EL feingehackte Petersilie oder Schnittlauch, Salz und Pfeffer.

Lassen Sie die Fleischbrühe zum Kochen kommen, nehmen Sie sie dann vom Feuer und rühren Sie die gut verklepperten Eier, die Luftblasen aufweisen müssen, vorsichtig ein. Würzen Sie mit Salz und Pfeffer nach Geschmack und rühren die durch die Presse gedrückten Knoblauchzehen ein. Nun stellen Sie den Topf wieder auf das Feuer, lassen aber die Brühe nur noch ziehen. Inzwischen rösten Sie die Brotscheiben in der heißen Butter auf beiden Seiten an, lassen sie erkalten und bestreichen sie ziemlich dick mit der Bauernleberwurst. Anschließend schneiden Sie das Brot in Streifen oder in Würfel oder Rauten. Gießen Sie jetzt die Fleischbrühe in die vorgewärmten Suppenteller oder -tassen und legen Sie die Leberwurst-Brotstückchen ein. Etwa eine Minute ziehen lassen. Überstreuen Sie nun abschließend mit feingehackter Petersilie oder Schnittlauch. Wenn Sie in die Fleischbrühe ca. 50 g kleingewürfelte Kalbsleber geben oder etwa 100 g Bauernleberwurst in die Brühe rühren, bekommt diese einen besonders kräftigen Geschmack.

Rotwein-Brotsuppe

150 g (3 Scheiben) dunkles Mischbrot, 1 Scheibe Pumpernickel, 30 g Butter, 3 Eier, 1/8 l süße Sahne, 3/4 l Wasser, 1/4 l roter Bordeaux oder Beaujolais (man kann, je nach Geschmack, ruhig etwas mehr nehmen), 2-3 Schalotten oder 1 Zwiebel, Salz und Pfeffer.

Das Brot und der Pumpernickel werden in etwa 1/2 l Wasser eingeweicht und dann gut ausgedrückt. Diese Masse wird durch ein Sieb getrieben und in ungefähr 1/4 l Wasser weichgekocht. Nach 10 Minuten gibt man den Rotwein dazu und rührt gut um. Nach weiteren 10 Minuten nehmen Sie den Topf vom Feuer und ziehen die mit der Sahne verklepperten Eier unter. Setzen Sie nun den Topf wieder auf die Flamme und erhitzen Sie die Suppe unter häufigem Umrühren wieder; sie darf aber nicht mehr kochen. Währenddessen schälen Sie die Schalotten oder die Zwiebel und schneiden sie in besonders dünne Scheibchen. Diese rösten Sie in heißer Butter knusprig und goldbraun. (Wenn Sie die Schalotten oder Zwiebeln mit der Butter zusammen kalt aufsetzen, werden sie besonders schön braun und nicht nur knusprig sondern knackig. Sie müssen aber unbedingt »an der Pfanne« bleiben und häufig umwenden, damit nichts anbrennt.) Geben Sie die gut umgerührte Suppe in vorgewärmte Suppentassen oder -teller und verteilen Sie obenauf die gerösteten Schalotten. Ein Häubchen aus ungesüßter Schlagsahne krönt das Ganze.

Wiener Brotsuppe ◀

100 g trockenes Weißbrot, 50 g trockenes Vollkorn- oder Roggenbrot, 1 l gute Fleischbrühe, 3 Eier, 2 EL feingehackter Schnittlauch, etwas geriebener Muskat, Salz und Pfeffer.

Das Brot zerreiben und mit den leicht gesalzenen, gepfefferten und gut verklepperten Eiern unter Zugabe von 4-5 Eßlöffeln Fleischbrühe intensiv verrühren. Inzwischen die restliche Brühe zum Kochen bringen und in die Masse einrühren. Etwa 5 Minuten zusammenkochen lassen. Mit gehacktem Schnittlauch und etwas Muskat überstreut servieren.

Zwiebel-Brotsuppe ▶

4 kleine Laugenbrötchen (oder notfalls auch 4 kleine Weißbrötchen), 100 g abgeriebenes Roggenbrot, 300 g Zwiebeln, 2 Knoblauchzehen, 1 EL feingehackte Petersilie oder Schnittlauch, 1 KL Kümmel, 80 g Butter, 1 l gute heiße Fleischbrühe, ca. 160 g kleingewürfeltes Suppenfleisch, Salz und Pfeffer nach Geschmack.

Die in dünne Ringe geschnittenen Zwiebeln werden in 40 g Butter leicht angeglast und dann in der heißen Fleischbrühe noch etwa 45 Minuten gegart. Nach ca. 30 Minuten rühren Sie das abgeriebene Roggenbrot und die durch die Presse gedrückten (oder sehr fein gehackten) Knoblauchzehen unter die Zwiebeln und lassen alles zusammen noch etwa 15 Minuten zusammenköcheln. Sie müssen öfters umrühren, damit eine sämige Brühe entsteht. Geben Sie nun auch den Kümmel in die Suppe und schmecken Sie mit Salz und Pfeffer ab. Die kleinen Laugenbrötchen schneiden Sie nun in drei Teile und rösten Sie mit der restlichen Butter in einer Pfanne auf den Schnittflächen goldbraun. Gießen Sie die Suppe mit den Zwiebeln in die vorgewärmten Tassen oder Teller, legen die angerösteten Laugenbrötchen – pro Person 1 Stück – ein und überstreuen Sie alles mit gehackter Petersilie oder mit Schnittlauch. Man kann auch kleingewürfeltes Suppenfleisch dazugeben, damit die Suppe noch kräftiger schmeckt.

Schweizer Brotsuppe ►

4 Brötchen, 200 g Emmentaler in Scheiben, 2 EL Butter, 1 l gute, heiße Fleischbrühe, 2 Zwiebeln, Salz und Pfeffer.

Die in dünne Scheiben geschnittenen Brötchen werden abwechselnd mit Käsescheiben in einen Topf geschichtet und mit der heißen Fleischbrühe übergossen. Lassen Sie diese Mischung etwa 60 Minuten lang gut durchziehen und pürieren Sie sie dann im Mixer oder verarbeiten Sie alles mit einem Handrührgerät. Nochmals gut aufkochen lassen und salzen und pfeffern. In heißer Butter bräunen Sie etwa 1-2 mm dicke Zwiebelringe schön knusprig, die Sie in die Tassen oder Teller verteilen und mit der Suppe aufgießen.

Bayerische Panadl-Suppe ◄

3 trockene Semmeln (Brötchen), 50 g Butter, 1 kleine Zwiebel, 1½ l gute Fleischbrühe, ⅛ l Milch, 2 Eier, 1 EL gehackter Schnittlauch, Salz und weißer Pfeffer.

Die – mindestens drei Tage alten – trockenen Semmeln werden in dünne Scheibchen geschnitten und (entweder in einer Pfanne oder gleich in dem Topf, in dem die Suppe zubereitet wird) in heißer Butter auf beiden Seiten goldbraun angeröstet. Dann gibt man die ziemlich klein gehackte Zwiebel dazu und läßt sie schön glasig anlaufen. Haben Sie die Semmeln in einer Pfanne angeröstet, geben Sie den Inhalt in die heiße Fleischbrühe; haben Sie gleich einen Suppentopf verwendet, gießen Sie das Röstgut mit der heißen Brühe auf und schmecken mit Salz und weißem Pfeffer ab. Lassen Sie nun alles etwa 30 Minuten zusammenköcheln und rühren Sie ab und zu vorsichtig um.

Während die Suppe langsam vor sich hinsimmert, werden die Eier mit der Milch so intensiv verkleppert, daß kleine Bläschen entstehen. Nehmen Sie den Topf vom Feuer und rühren Sie die Milch-Ei-Masse langsam ein. Danach geben Sie den Topf wieder auf das Feuer, lassen aber die Suppe nicht mehr kochen, sondern halten sie nur gut heiß. Servieren Sie nur in vorgewärmten Suppentassen oder -tellern und streuen Sie fein gehackten Schnittlauch darüber. Diese Suppe paßt sehr gut zu einer Bayerischen Mahlzeit.

Hauptgerichte mit Brot

Einige der hier vorgeschlagenen Speisen werden mit Brotteig gemacht, die meisten aber mit Brot oder Brötchen. Welche Köchin hat sich noch nicht über schnell schimmelig werdendes Brot geärgert? Hier bietet sich also eine Möglichkeit, das überschüssige Brot nicht ›in Reinkultur‹, sondern in anderer Form zu servieren.

Boeuf Beaujolais

500 g Mischbrotteig, 750 g Rinderlende oder Schulter, 40 g Butter, ¼ l süße Sahne, 3 große Zwiebeln, 1 Karotte, 1 Scheibe Sellerie, 2 Lorbeerblätter, 1 Gewürznelke, 1 KL Thymian, ½ KL Rosmarin, ½ KL Basilikum, ½ KL Salbei, 200 g frische Champignons, 0,7 l Beaujolais, Salz und Pfeffer.

Das grob gewürfelte Fleisch wird mit den grob gehackten Zwiebeln, der zerkleinerten Karotte, dem zerkleinerten Sellerie und den Gewürzen in eine flache Schüssel gegeben, mit Rotwein übergossen und über Nacht mariniert. Nehmen Sie dann das Fleisch heraus, trocknen es gut ab und braten es in einer feuerfesten Form in heißer Butter an, salzen und pfeffern es und löschen es mit einem Teil der Marinade ab. Vom Feuer nehmen und die Sahne unterziehen. Überstreuen Sie nun die Masse mit den blättrig geschnittenen, leicht gesalzenen Champignons; danach mit einem ca. 1-1,5 cm dick ausgewalkten Teigdeckel abdecken und an den Rändern fest andrücken. Wenn Teig übrig bleibt, den Deckel verzieren. Mit einer Gabel mehrere Löcher einstechen, damit der Dampf beim Garen aus dem Inneren entweichen kann. Mit Wasser einpinseln und im vorgeheizten Backofen backen. Wird die Kruste zu dunkel, mit Alufolie abdecken. Das Gericht aus dem Ofen nehmen, wenn es gar ist, den Deckel vorsichtig ablösen, portionsgemäß aufschneiden und als Beilage reichen.
Backzeit: ca. 120 Minuten
Temperatur: 200° C

Kalbsnierenbraten in Roggenbrot ▶

500 g Roggenbrotteig und etwas Roggenmehl zum Auswalken des Teigs, 750 g Nierenrollbraten, ½ KL Rosmarin, ½ KL Thymian, Salz und Pfeffer.

Der Nierenrollbraten wird zunächst in kochendes Wasser gegeben, in dem er etwa 15-20 Minuten sieden soll. Nach dem Herausnehmen kurz abkühlen lassen und mit Küchenkrepp gut abtrocknen. Mit den miteinander vermischten Gewürzen von allen Seiten einreiben und in den ca. 0,5-1 cm dick ausgewalkten Brotteig einschlagen. Die Ränder mit Wasser bepinseln und gut verschließen, damit kein Saft austreten kann. (Wenn etwas Teig übrigbleibt, Verzierungen ausstechen und obenauf als Abschluß geben.) Mit einer Gabel mehrere Löcher in den Teig stechen, damit der Dampf entweichen kann.

Nochmals etwas Wasser überpinseln und im vorgeheizten Backofen backen. – Nach ca. 2 Stunden den Ofen abschalten, die Backofentüre öffnen und den Braten im Ofen noch etwa 10 Minuten ruhen lassen; dann erst herausnehmen und mit einem Sägemesser in Portionen aufteilen. Dazu paßt am besten ein Zucchini- oder Auberginen-Salat.

Wer es schätzt, kann den Teigmantel bevor er ins Backrohr kommt mit Koriander, Anis oder Kümmel bestreuen. Bitte vorsichtig würzen, damit der Gesamtgeschmack nicht beeinträchtigt wird.
Backzeit: ca. 120 Minuten
Temperatur: 180° C

Pfälzer Griebenbrot mit Weinsauerkraut

400 g Weißbrotteig, 300 g Schinkenspeck (geräuchert oder roh), 100 g Schweineschmalz, 1 kleine Zwiebel, ½ säuerlicher Apfel, 5 EL Milch, 1 Ei (oder 2 Eier), 1 KL Salz, ¼ KL edelsüßer Paprika, je ½ KL Majoran, gemahlener Kümmel und Salz.

Bereiten Sie zuerst den Weißbrotteig zu. In einer Pfanne lassen Sie dann den Schinkenspeck aus, geben nach einiger Zeit die fein gehackte Zwiebel und den geschälten, kleingewürfelten Apfel dazu, würzen mit etwas Salz und lassen alles zusammen leicht anbräunen. Dann gießen Sie das flüssige Fett ab und bestreuen die Griebenmasse mit dem Majoran. Rollen Sie den Teig etwa 1 cm dick aus und belegen Sie damit ein dick mit Schweineschmalz bestrichenes Backblech oder eine Springform. Auf dem Teig verteilen Sie die angebräunte Mischung gleichmäßig und übergießen sie mit einem in Milch zerquirlten Ei, das mit Salz, Kümmel und Paprika abgeschmeckt wurde.

Falls etwas Teig übrig bleibt, legen Sie obenauf ein Gitter, bestreichen es mit einem weiteren zerquirlten Ei und backen das Griebenbrot auf der untersten Schiene im vorgeheizten Backofen. Die Eier-Milch-Gewürz-Schicht muß eine beim Überbacken schöne goldgelbe Farbe annehmen. Heiß servieren. Dazu reicht man ein Weinsauerkraut, dem kleine Speckbröckchen beigefügt sind.

Backzeit: ca. 25 Minuten

Temperatur: 200° C

Pikanter Brotstrudel

500 g Mischbrotteig, etwas Mehl zum Auswalken des Teiges, 250 g Schichtkäse, 150 g geriebener Emmentaler, 80 g geräucherter Bauchspeck, 30 g Butter, ¼ l saure Sahne, 250 g Zwiebeln, 2 EL gehackte Petersilie, 2 EL lauwarmes Wasser, 1 KL Kümmel, Salz und Pfeffer.

Stellen Sie zuerst den Teig her und lassen sie ihn entsprechend lang aufgehen. Der geräucherte Bauchspeck wird fein gewürfelt und mit den in Scheibchen geschnittenen Zwiebeln in heißer Butter angeglast. Mischen Sie den Schichtkäse mit dem geriebenen Emmentaler und geben Sie Salz, Pfeffer, Kümmel und Petersilie dazu. Dann fügen Sie den Bauchspeck mit den Zwiebeln dazu und vermischen alles gut miteinander.
Rollen Sie nun den Brotteig etwa 1 cm dick zu einem großen Rechteck aus und bestreichen Sie ihn zur Hälfte mit saurer Sahne. Darauf verteilen Sie die Käsemasse gleichmäßig. Die Teigränder werden nach innen geschlagen. Rollen Sie den Strudel auf und pinseln Sie die Naht mit Wasser ein. Danach geben Sie ihn auf ein leicht gefettetes Backblech und lassen ihn zugedeckt nochmals etwa 15 Minuten gehen. Bestreichen Sie ihn anschließend mit dem Rest der sauren Sahne und backen ihn im vorgeheizten Backofen aus. Damit der Strudel nicht zu dunkel wird, decken Sie ihn nach 20 Minuten mit Alu-Folie ab.
Backzeit: ca. 50-60 Minuten
Temperatur: 200° C

Ramequin ▶

8 Scheiben Weißbrot (entrindet), 8 Scheiben Emmentaler (ca. 1 cm dick), 8 Scheiben gekochter Schinken (ca. 0,5 cm dick), 2 Eier, ½ l Milch, 40 g Butter, Salz, weißer Pfeffer, 1 Prise Muskat.

In eine gut ausgefettete Auflaufform legen Sie 4 Brotscheiben auf den Boden, darauf je 1 Scheibe Schinken und darüber je 1 Scheibe Käse, der unbedingt über Schinken und Brot hinausragen muß. Decken Sie nun wieder mit Weißbrot ab und legen Sie darauf wie zuvor je 1 Scheibe Schinken und darauf zum Abschluß nochmals Käse. Verquirlen Sie dann Milch und Eier, schmecken Sie mit Salz, weißem Pfeffer und einer Prise Muskat ab. Vorsichtig würzen, da Käse und Schinken bereits einige Schärfe beim Backen abgeben. Übergießen Sie nun den Auflauf mit dieser Milch-Ei-Sauce und überbacken Sie ihn dann im vorgeheizten Backofen. Man kann den Ramequin auch – wie es die Schweizer bevorzugen – in ein Wasserbad stellen und ihn dann ebenfalls im Backofen garen. Er braucht dann zwar etwas länger, bleibt aber besonders locker und flaumig. Sie müssen unbedingt darauf achten, daß die Oberfläche nicht zu dunkel wird. Zu dieser typisch schweizerischen Spezialität passen Salate aller Art. Die Schweizer essen meistens Kopf-, Gurken- oder Tomatensalat, aber auch Feld-, Zucchini- oder Auberginen-Salat schmecken ausgezeichnet dazu.
Backzeit: ca. 25-30 Minuten
Temperatur: 200° C

Kaiserfleisch im Brotmantel ▲

500 g Mischbrotteig, 1000 g Kaiserfleisch, ½ l trockener Weißwein, 1 Eigelb, 2 EL Milch, 1 Bd. Suppengemüse (Petersilienwurzel, Porrée, Möhre und etwas Knollensellerie).

Das Kaiserfleisch, das vorher in ca. ½ l trockenem Weißwein mit dem Suppengemüse etwa 30 Minuten angekocht wurde, etwas abkühlen lassen und mit Küchenkrepp ganz trocken reiben. Dann walken Sie den Teig auf bemehlter Unterlage etwa 0,5 cm dick aus und schlagen darin das Fleisch ein. Die Ränder besonders gut verschließen und den Teig mit dem in Milch verklepperten Eigelb einpinseln.

Statt auf einem Blech können Sie das Fleisch auch in einer Kastenform backen; legen Sie diese mit Teig an allen Seiten gut aus und lassen Sie genügend Teig für einen Deckel und eventuelle Verzierungen übrig. Geben Sie das Fleisch in die Form und schließen Sie mit dem Teigdeckel ab. Auch hier die Ränder fest verschließen und mit dem in Milch verklepperten Eigelb bepinseln. Diese Art zu backen garantiert eine gute Form. Stechen Sie nun mit einer Fleischgabel mehrere Löcher in den Teigdeckel und backen Sie anschließend im vorgeheizten Backofen auf der untersten Schiene – etwa 2 Stunden.

Nach dem Öffnen des Backofens lassen Sie das Kaiserfleisch im Brotmantel noch ca. 10 Minuten ruhen. Danach erst herausnehmen (wenn Sie eine Kastenform verwendet haben, das Gericht vorsichtig herausgleiten lassen). Portionsgerecht aufschneiden und mit einer Meerrettich-Sahnecreme oder Mischgemüse servieren.
Backzeit: ca. 120 Minuten
Temperatur: 200° C

Tiroler Speck-Knödel ▶

400 g altbackenes Weißbrot (oder Knödelbrot), 125 g durchwachsener Räucherspeck, 125 g Fleisch- oder Nürnberger Stadtwurst, oder auch Salami oder Hartwurst, 2 Eier, ½ l lauwarme Milch, 2 EL gehackte Petersilie, 1 mittlere Zwiebel, Salz.

Das Weißbrot ziemlich klein würfeln, mit etwas Salz bestreuen und mit lauwarmer Milch übergießen. Etwas einziehen lassen und dann gut verrühren. Zugedeckt ca. 15 Minuten stehen lassen. Inzwischen Speck, Wurst und Zwiebel in ganz kleine Würfel schneiden und diese Mischung zusammen in einer Pfanne glasig anrösten. Danach schütten Sie das flüssige Fett ab und mischen die Masse unter Zugabe von zwei Eiern und der Petersilie unter das Brot. Kneten Sie einen nicht zu festen, aber auch nicht zu weichen Teig und formen Sie mit nassen Händen vier gleichmäßig große Knödel, die in kochendem Salzwasser gegart werden. Auch wenn Sie diese Knödel nur als Suppen-Einlage servieren wollen, sollten Sie sie zunächst in Salzwasser und nicht gleich in der Suppe kochen. Man kann die Tiroler Speck-Knödel entweder als Hauptgericht, am besten mit Sauerkraut, oder in einer kräftigen Fleischbrühe als Einlage oder auch zu deftigen Fleischgerichten wie Schweinebraten, Schweinshaxe, ja sogar zu einem Gans- oder Entenbraten servieren.

Anmerkung: In Tirol wird für Knödel eine spezielle Wurst hergestellt. Die sogenannte Nürnberger Stadtwurst ist die fränkische Variante. Sie ist mehr gewürzt als Fleischwurst oder Lyoner.
Garzeit: ca. 15-20 Minuten

Brot-Kramuri ▲

Je 8 Weiß- und Mischbrotscheiben (0,5 cm dick), je 250 g Kalb-, Rind- und Schweinefleisch zum Braten und 16 Scheiben geräucherter Bauchspeck (dünn), 250 g schnittfeste Tomaten, 1 Salatgurke, 2 mittelgroße Zwiebeln, je 1 KL Rosmarin, Thymian, Dillspitzen, ½ KL Knoblauchpulver, 1-2 KL edelsüßer Paprika, 0,2 l saure Sahne (möglichst dickflüssig), 50 g Butter, 2 EL Olivenöl, Salz und Pfeffer.

Das Fleisch in kleine Würfel schneiden, leicht salzen und pfeffern, in heißer Butter anbraten. Nach 5 Minuten dünsten Sie die kleingehackten Zwiebeln mit, bis sie glasig sind. Mengen Sie nun Rosmarin, Thymian und Knoblauchpulver darunter und stellen Sie das Ganze warm. Die ungeschälte Gurke und die Tomaten waschen, in ca. 0,5 cm dicke Scheiben schneiden und in heißem Öl von beiden Seiten andünsten, Dill darüber streuen und warmhalten. In eine leicht ausgefettete, ca. 10 cm hohe quadratische feuerfeste Glasform werden folgende Lagen geschichtet: Am Boden leicht geröstetes Mischbrot, darüber ca. 1 cm hoch Fleischwürfel, darauf geröstetes Weißbrot und angeröstete Speckscheiben, darüber Tomaten, dann wieder je eine Lage Fleisch, Mischbrot, Speckscheiben, Gurkenscheiben, Fleisch und Weißbrot. Mit saurer Sahne übergießen. Als Abschluß geben Sie Gurken- oder Tomatenscheiben obenauf und backen diesen Auflauf im vorgeheizten Backofen. Vor dem Servieren mit edelsüßem Paprika überstäuben. Backzeit: 8–10 Minuten, Temperatur: 180° C

Königs-Knödel ▶

5 Brötchen (mindestens 1 Tag alt), 50 g Butter, 3-4 Eier, 150 g geräucherter Bauchspeck, 150 g Sauerkraut, 100 g geriebener Emmentaler, 1-2 EL gehackte Petersilie, Salz und Pfeffer, 1 Prise Muskat.

Die Brötchen und der Bauchspeck werden ziemlich klein gewürfelt; das Sauerkraut wird sehr fein geschnitten. Rühren Sie dann zunächst die Butter mit den Eiern schaumig und geben Sie alle Zutaten und Gewürze hinein. Vermengen Sie alles besonders gut, so daß eine feste Masse entsteht. Formen Sie einen großen Knödel, den Sie in eine feuchte Serviette legen. Die Enden der Serviette werden über Kreuz zusammengebunden. Hängen Sie die Serviette dann auf einen Kochlöffel, den Sie so quer über einen Topf mit kochendem, leicht gesalzenem Wasser legen, daß der Knödel im Wasser schwimmt. Dort läßt man ihn etwa 30-40 Minuten ziehen. Das Wasser soll dabei nicht sprudelnd kochen, nur »simmern«. Man kann den Königs-Knödel auch in eine innen leicht mit Butter eingestrichene Alu-Folie einschlagen und im Wasser ziehen lassen. Er braucht dann etwas länger zum Garen. Auch sollten Sie die Mischung in diesem Fall etwas schärfer würzen, weil das Kochwasser ungesalzen bleibt.
Der Königsknödel ist eine Hauptmahlzeit, zu der man frischen Salat reicht. Er schmeckt aber auch zu allen Fleischgerichten besonders gut.

KÖNIGREIC
180

Herrenbrot

8 Scheiben Weißbrot, 8 Scheiben Allgäuer Emmentaler, 4 Scheiben Vorderschinken gekocht, Butter.

Eine Scheibe Weißbrot nacheinander mit einer dünnen Scheibe Käse, einer etwas dickeren Scheibe gekochtem Vorderschinken und einer zweiten Scheibe Käse belegen. Das ganze mit einer gleichgroßen Scheibe Brot zudecken. In einer Pfanne bei mittlerer Hitze reichlich Butter zerlassen. Das Brot unter geschlossenem Deckel auf jeder Seite ca. 7 Minuten goldgelb braten. Beim Wenden evtl. neue Butter hinzufügen. Das Herrenbrot mit Salat auf vorgewärmtem Teller servieren.

Norddeutsches Speckbrot ▲

4 dicke Scheiben frisches Roggenmischbrot, 250 g durchwachsener, geräucherter und in Streifen geschnittener Speck, 200 g gewürfelte Zwiebeln, 1 kg säuerliche Äpfel, gewaschen und in Spalten geschnitten, 2-3 EL Zucker, Salz, frisch gemahlener Pfeffer.

Speck in der Pfanne langsam auslassen und kross braten, aus der Pfanne nehmen und warmstellen. Das Fett bis auf einen kleinen Rest abgießen und die Zwiebeln darin goldgelb, aber nicht braun dünsten.

Apfelscheiben dazugeben und ca. 10 Minuten in geschlossener Pfanne mitdünsten. Mit Salz, Pfeffer und Zucker würzen und mit Speckwürfeln bestreut auf frischem Brot anrichten.

Schinkenschnitten mit grünen Bohnen ▶

4 Schnitten Weißbrot, 150 g Paniermehl, ⅛ l Milch, 3 Eigelb, 1 ganzes Ei, 200 g gekochter, nicht zu magerer Schinken, Butterschmalz oder Bratfett (für die Friteuse oder zum schwimmend Ausbacken), 1 Prise Salz, ca. ½ KL weißer Pfeffer, 1 Zweig frisches Bohnenkraut (oder ¼ KL getrocknet), 500 g feine grüne Bohnen (Haricots verts)

Wiegen Sie den gekochten Schinken fein und vermengen Sie ihn in einer Schüssel gut mit 3 Eigelb, etwas Pfeffer und soviel Paniermehl, daß eine streichfähige Masse entsteht. Verkleppern Sie dann ein Ei mit Milch und legen Sie die Weißbrotschnitten kurz ein, so daß sie auf beiden Seiten gut durchfeuchtet werden. Nach dem Herausnehmen verteilen Sie mit einem Pfannenmesser oder einem anderen breiten Messer die Schinkenmasse gleichmäßig darauf. Dann legen Sie die Schnitten mit der Unterseite kurz in Paniermehl, drücken sie an und überstreuen die Schinkenmasse mit Paniermehl, das mit dem Messer ebenfalls leicht angedrückt wird. Fritieren Sie in heißem Fett goldgelb oder backen Sie in einer Pfanne schwimmend aus und servieren Sie die fertigen Schinkenschnitten mit grünen Bohnen.

Wenn etwas Ei-Milchmasse übrig bleibt, heiß stocken lassen und damit garnieren.

Illustriertes Brot

Brot ist ein Grundnahrungsmittel, mit dem man viel anfangen kann. Eine Platte mit lecker zurechtgemachten Broten bringt nicht nur Abwechslung auf den Abendbrottisch, sondern ist für eine Gäste-Runde sehr geeignet. Vorschläge für leckere Beläge folgen in den Rezepten, auch für buntes Garnieren. Schneiden Sie die Brote in mundgerechte Bissen, die man aus der Hand essen kann.

Bananen-Käsebrot

Goldgelb getoastete Weißbrotscheiben abkühlen lassen. Mit Mayonnaise dick bestreichen und mit Bananenscheiben belegen. Grob gehackte, in Butter geröstete Mandeln darüberstreuen und mit Chester-Käsescheiben abdecken. Hübsch mit Bananenscheibe und Mandarinenspalte dekorieren.

Sonntagssandwich

Weißbrot mit Butter bestreichen. Eine Schicht Kaviar daraufgeben, mit hartgekochten Eischeiben dicht belegen, mit etwas Salz würzen, die zweite Weißbrotscheibe, die auch gebuttert sein darf, auflegen, quer oder über Eck halbieren bzw. durchschneiden.

Westfälisches Schinkenbrot

Westfälisches Pumpernickel gut mit Butter bestreichen, darüber ganz dünn Senf streichen, möglichst extra scharfen! Darüber eine Scheibe westfälischen Schinken legen, mit einer Tomatenscheibe, grüner Gurkenscheibe und einer halben, zum Fächer geschnittenen Gewürzgurke abschließen.

Kasseler Brot

Eine Graubrotscheibe oder ein kräftiges Landbrot mit Butter reichlich bestreichen. Frisches Sauerkraut mit etwas Essig, ganz wenig Öl, Salz und Pfeffer würzig anmachen, auf das Brot häufen, darüber eine Scheibe Kasseler legen und mit einem Ananassegment und einer Cocktailkirsche abschließen.

Illustriertes Brot

Eine Weißbrotscheibe mit gebratenem, gegrilltem oder gekochtem, sorgfältig ausgelöstem Hühnerfleisch dick belegen. Etwas Mayonnaise mit scharfem Senf, Salz und Tabasco würzen, über das Hühnerfleisch fließen lassen. Mit reichlich grob gehackten Walnüssen überstreuen und mit einer dünnen, gekochten Schinkenscheibe abschließen. Mit Mayonnaiseröschen, halben Walnüssen und Mandarinenspalten aus der Dose garnieren.

Mailänder Käseaufstrich

150 g Gorgonzola, 50 g Bel Paese, 50 g Butter, 2 EL Cognac, ½ KL grob gehackter Kümmel.

Den Gorgonzola und den Bel Paese mit einer Gabel in einer Schüssel zerdrücken und die schaumig gerührte Butter zugeben. Mit dem Cognac und dem Kümmel würzen. Zu diesem würzigen Käseaufstrich kräftiges Landbrot servieren und dazu ein Schüsselchen mit gehackter Zwiebel stellen.

Käse-Schinken-Toast

*4 Scheiben Toastbrot oder Graubrot, 20 g Butter,
4 Scheiben rohen Schinken, 4 Scheiben französischen Butterkäse,
4 Eier, Fett zum Braten.*

Die Brotscheiben von einer Seite leicht toasten, die andere Seite mit Butter bestreichen. Die Schinkenscheiben darauflegen, mit Butterkäse bedecken und unter dem vorgeheizten Grill – oder höchste Wärmestufe im Backofen – überbacken, bis der Käse schmilzt.
In der Zwischenzeit in einer Pfanne im heißen Fett die Eier zu Spiegeleiern braten.
Die Schinken-Toastscheiben auf Teller legen und jeden mit einem Spiegelei garnieren.

Romadur-Brotaufstrich

*125 g Romadur, 100 g Emmentaler, 1 Zwiebel, 1 Knoblauchzehe,
½ KL Kümmel, Mayonnaise, 1 EL Sahne.*

Den Romadurkäse (Rotschmierkäse sollte vor dem Verbrauch stets geputzt werden) in kleine Würfel schneiden. Den Emmentaler reiben. Zu beiden Zutaten die feingewürfelte Zwiebel geben, die zerdrückte Knoblauchzehe und den Kümmel. All diese Zutaten mit der Mayonnaise und der Sahne binden.
Tip: Romadur und Knoblauch sind Geschmackssache und nicht für alle Gäste geeignet.
Anstelle des Romadurs kann auch Camembert verwendet werden. Und statt Knoblauch würzt Paprika auch auf mildere Weise.

Französische Roquefortcreme

*200 g Roquefort, 2 Eigelb, 2-5 EL Portwein, 1 EL gehackte Walnüsse,
1 Msp. Zucker.*

Den möglichst reifen Roquefortkäse mit einer Gabel zerdrücken und anschließend durch ein Sieb streichen. In einer Schüssel mit dem Eigelb verrühren. Nach und nach den Portwein zugeben und kräftig rühren, damit eine sehr weiche Masse entsteht. Die Portweinmenge ist variabel, die Käsecreme soll gut cremig sein. Ausschlaggebend ist der Reifegrad des Käses, wieviel von der Flüssigkeit man zugeben muß. Am Schluß der feinen französischen Creme die gehackten Walnüsse und den Zucker zugeben auf frischem goldgelbem Toast servieren.

Käse-Eier-Aufstrich

*200 g Goudakäse, 4 hartgekochte Eier, 50 g Butter,
2 EL frische Sahne, 2 EL scharfer Senf, 1 Msp. Salz,
1 Msp. Cayennepfeffer, 1 KL Paprikapulver.*

Den Käse ganz fein würfeln. Die hartgekochten, geschälten Eier trennen, d. h. Eiweiß und Eidotter für sich. Das Eiweiß würfeln. Die Eigelb mit der Butter, der Sahne und dem Senf verrühren. Gut schaumig. Die Gewürze zugeben. Eigelb-Buttercreme und Käse- und Eiweißwürfel vorsichtig vermischen und auf Schwarzbrot reichen.

Brotspezialitäten zum Nachtisch

Nicht von ungefähr sind manche der hier aufgeführten Rezepte aus Omas Kochbuch. Zu Zeiten, als man nicht einfach Eis oder Joghurt aus der Tiefkühltruhe holen konnte, und auch nicht immer Pudding essen wollte, war das Brot ein beliebter Bestandteil von Nachspeisen.

Prager Brot-Torte

100 g geröstetes Roggenbrot, 8 Eier, 250 g Zucker, 150 g geriebene Mandeln, 50 g feingewiegtes Zitronat, ½ KL Zimt, ½ KL Nelkenpulver, 2-3 EL Rum oder Arrak, ⅛ l Rotwein, Schokoladenglasur, 0,2 l süße Sahne.

Das geröstete, fein geriebene Brot wird mit Rum oder Arrak und der Hälfte des Rotweins sehr gut durchfeuchtet. Lassen Sie diese Grundsubstanz zugedeckt 30 Minuten durchziehen. Inzwischen trennen Sie die Eier und rühren die 8 Eigelb und den Zucker schaumig, der Zucker muß sich ganz auflösen, mischen Sie dann das durchfeuchtete Brot, die Mandeln, Zitronat, Zimt und Nelkenpulver darunter. Schlagen Sie dann aus 8 Eiweiß einen ziemlich festen Schnee, den Sie unter die Masse heben und füllen Sie nun damit eine Tortenform. Sie müssen die Oberfläche glatt verstreichen und die Torte im vorgeheizten Backofen ausbacken. Danach aus der Form nehmen und mit dem Rest des Rotweins beträufeln. Nach dem völligen Erkalten mit der Schokoladenglasur auf der Oberseite und außenherum gleichmäßig einstreichen. Leicht gesüßte Schlagsahne, der man ohne weiteres einige Tropfen Rum oder Arrak beigeben kann, erhöht noch den aromatischen Geschmack dieser Brot-Torte.
Backzeit: ca. 60 Minuten
Temperatur: 180° C

Brot-Pudding mit Rosinen

75 g trockenes Roggen- oder Vollkornbrot, 50 g Rosinen, 50 g geriebene Mandeln, 50 g Zucker, ½ KL Zimt, 1 Prise Muskat, ½ abgeriebene Zitronenschale, 4 EL Rotwein, 3 Eier, 2 EL Rum, 4 EL Butter, 40 g Butterschmalz, 40 g geraspelte Schokolade oder Zucker und Zimt.

Das Brot wird fein gerieben. Die Rosinen beträufeln Sie mit Rum. Trennen Sie die Eier und verarbeiten Sie die Eiweiß zu Schnee. Schlagen Sie Butter, Zucker und Eigelb schaumig und geben Sie dann Brot und Mandeln dazu. Erhitzen Sie den Wein, dem Sie die Rosinen, Muskatnuß sowie die abgeriebene Zitronenschale beimengen, und mischen Sie diese Flüssigkeit unter die Brotmasse. Etwas abkühlen lassen und dann den steif geschlagenen Eischnee vorsichtig unterziehen. Nun füllen Sie vier mit Butterschmalz ausgefettete Portionsschalen mit dieser Puddingmasse und kochen sie im Wasserbad. Der Brot-Pudding kann auch in einer Auflaufform im ganzen, ebenfalls im Wasserbad, gegart werden. Überstreuen Sie das gegarte Gericht mit geraspelter Schokolade oder Zucker und Zimt. Diese Nachspeise kann warm oder kalt gegessen werden. Wenn Sie Gäste erwarten, können Sie den Brot-Pudding schon am Tag vorher zubereiten. Garzeit: ca. 30 Minuten

Brot-Pudding mit Vanillesauce

150 g Butter, 250 g Vollkornbrot, 80 g geriebene Blockschokolade, ⅛ l Milch, Saft von ½ Zitrone, 1 Päckchen Vanillesauce.

Die weiche Butter mit den Eiern verrühren, das Vollkornbrot zerkrümelt dazugeben. Alles gemeinsam mit der geriebenen Schokolade, der Milch und dem Zitronensaft zu einem »Puddingteig« vermischen. In eine mit Butter gefettete Form geben und bei mittlerer Hitze backen. Mit Vanillesauce servieren. Mit Rum oder Rumfrüchten kann diese Köstlichkeit noch verfeinert werden.
Backzeit: 60-70 Minuten
Temperatur: 175° C

Bensdorp
KAKAO
Dr.Oetker
Gustin
Speisestärke
Dr.Oetker
Vanillin-Zucker
Zucker

Hefezopf

▲

500 g Weizenmehl, 30 g Hefe, ¼ l warme Milch, 80 g Zucker, 1 Päckchen Vanillezucker, 65 g geschmolzene Butter, 1 verquirltes Ei, 1 Prise Salz zum Bestreichen.

Mehl in eine Schüssel geben, und in eine Vertiefung in der Mitte die Hefe bröckeln. Milch und einen Kaffeelöffel Zucker darübergeben. Ca. 15 Minuten gehen lassen.
Den restlichen Zucker, Vanillezucker und das Salz zugeben. Mit dem Handrührgerät durchkneten, bis sich der Teig vom Schüsselrand löst und zugedeckt ca. 30 Minuten gehen lassen, bis er sich verdoppelt hat.
Mit bemehlten Händen den Teig durchkneten und zu einem Viereck ausrollen. Die Teigplatte mit der Butter und dem Ei bestreichen, einmal zusammenklappen und in drei Streifen schneiden. Diese zu Rollen formen und locker einen Zopf daraus flechten. Auf ein gefettetes Backblech legen. Ca. 20 Minuten gehen lassen, und dann in den vorgeheizten Backofen schieben.
Backzeit: ca. 35-40 Minuten
Temperatur: 200° C

Sonntagsstrudel

▶

250 g Mehl, ⅛ l lauwarme Milch, 50 g Öl oder flüssige Butter, 1 Prise Salz, Öl zum Bepinseln und Puderzucker

Füllung: 4 Eier, 120 g Zucker, 120 g gemahlene Haselnüsse und 100 g Rosinen.

Das Mehl mit dem Salz auf das Brett sieben. In die Mitte das warme Wasser geben. Einen Teig rühren, indem man immer wieder Mehl von der Seite dazunimmt. Zuletzt das flüssige Fett hinzufügen. Den Teig gut verkneten. Abwechselnd in die rechte und linke Hand nehmen und auf das Brett schlagen, so lange, bis er schön geschmeidig und glänzend ist. Mit Öl bestreichen und eine warme Schüssel darüberstülpen. 30 Minuten ruhen lassen.

Danach ein großes Küchentuch mit Mehl bestäuben und den Strudelteig darauf mit dem bemehlten Rollholz so dünn wie möglich vorsichtig ausrollen. Nun faßt man mit den Händen unter den Teig und zieht ihn von der Mitte her über den Handrücken aus. So dünn wie möglich!

Ist Ihnen ein längliches Rechteck geglückt, wird der Teig, der ja immer noch auf dem bemehlten Tuch ruht, mit Öl bepinselt und mit Semmelbröseln bestreut. Eigelb und Zucker schaumig rühren. Die gemahlenen Haselnüsse und die Rosinen dazugeben. Eiweiß steif schlagen, unterziehen und die Masse auf den Teig streichen, aber nicht bis ganz an den Rand, weil sonst der Strudel schlecht zusammenhält. Nun das Tuch anheben und den Strudel aufrollen. Die Ränder zusammendrücken. Auf der mittleren Schiene backen.

Backzeit: 40-50 Minuten
Temperatur: 175° C

Göttlicher Schwarzwälder

24 Scheiben Pumpernickel, 50 g Borkenschokolade oder geriebene Schokolade, 4 EL Kirschwasser, 125 g Schattenmorellen (frisch oder tiefgekühlt), 1 Päckchen Vanilleeis, ¼ l Schlagsahne geschlagen, 1 Päckchen Vanillezucker, 1 KL Zucker, pro Portion zur Garnierung eine Kirsche und etwas Schokolade.

Pumpernickel mit der Hand zerbröckeln, mit geriebener Schokolade oder zerdrückter Borkenschokolade vermischen, danach mit Kirschwasser beträufeln und zugedeckt ziehen lassen. Zum Anrichten in jedes Glas eine Schicht Pumpernickel, darauf Sauerkirschen und Eis geben. Mit Sahnehaube, einer Kirsche und geriebener Schokolade verziert servieren.

Kirschen-Auflauf

4 mindestens 2 Tage alte Brötchen, 130 g Zucker, 100 g Butter, 4 Eier, ½ KL Zimt, 1-2 KL Zitronensaft, 6-7 EL Schwarzwälder Kirschwasser, 750 g entkernte Herzkirschen.

Die Kirschen werden mit 4 Eßlöffel Kirschwasser und 1-2 Kaffeelöffel Zitronensaft 60 Minuten mariniert, und die Brötchen werden in kaltem Wasser eingeweicht, danach fest ausgedrückt und in möglichst kleine Stücke zerrupft. Darüber geben Sie 2-3 Eßlöffel Kirschwasser.

Während dieses einzieht, rühren Sie 80 g Butter mit den Eiern schaumig, geben dann 100 g Zucker und den Zimt dazu. Vermischen Sie alles gut miteinander, rühren Sie die mit Kirschwasser getränkten und zerrupften Brötchen darunter, und verarbeiten Sie das Ganze zu einer geschmeidigen, homogenen Masse. Geben Sie dann die mit Kirschwasser und Zitronensaft marinierten Kirschen vorsichtig darunter. Füllen Sie die Masse in eine mit der restlichen Butter ausgefettete Auflaufform, und backen Sie den Auflauf im vorgeheizten Backofen. Danach bestreuen Sie den Kirschen-Auflauf mit Zucker. Sie können vorher nochmals etwas Schwarzwälder Kirschwasser darüber träufeln, was den Wohlgeschmack erhöht. Es kann auch etwas leicht gesüßte Schlagsahne dazu gereicht werden. Dieser Kirschen-Auflauf kann als Haupt- und als Nachspeise gegessen werden.
Backzeit: 45-50 Minuten
Temperatur: 180° C

Apfel-Brotauflauf

200 g trockenes Vollkornbrot, 100 g (4 dünne Scheiben) Weißbrot, 125 g Zucker, 2 KL Zimt, 1 abgeriebene Zitronenschale, 2 Eier, 75 g Butter, 0,2 l saure Sahne, 500 g süßsaure Äpfel.

Das ziemlich trockene Vollkornbrot wird fein gerieben oder im Fleischwolf fein gemahlen, mit 50 g Zucker, 1 Kaffeelöffel Zimt, der abgeriebenen Zitronenschale und den Eiern gut vermengt. Die Hälfte dieses Teigs geben Sie in eine gut ausgefettete feuerfeste Form und belegen die Oberfläche mit geschälten, in dünne Scheiben geschnittenen, entkernten Äpfeln. Streuen Sie etwas Zucker und Zimt darüber und geben den Rest der Teigmasse dazu, die Sie wieder mit dünnen Apfelscheiben belegen und mit Zucker und Zimt bestreuen. Darauf kommen nun 4 dünne Scheiben Weißbrot, über die Sie die saure Sahne gleichmäßig verstreichen. Darauf setzen Sie einige Butterflöckchen und backen den Auflauf im vorgeheizten Backofen etwa 50 Minuten. Danach kurz aus dem Ofen nehmen und nochmals mit Zucker und Zimt bestreuen und wieder kurz in den Backofen schieben, damit der Zucker etwas schmelzen kann.
Dieser Apfel-Brotauflauf muß unbedingt auf vorgewärmten Tellern sehr heiß serviert werden.
Backzeit: ca. 50 Minuten
Temperatur: ca. 200° C

Bella Manuela ▶

200 g grob geriebenes Roggenschrotbrot, 100 g Puderzucker, ½ KL Zimt, 2 EL geschälte und gehackte Mandeln, 4 Eigelb, ¼ l Rotwein, 3 EL Rum, Saft einer ½ Orange, 4 Orangenscheiben, 0,2 l süße Sahne, 4 Cocktailkirschen, Rum zum Beträufeln.

Zunächst verkleppern Sie die 4 Eigelb, geben den Rotwein dazu, danach den Puderzucker, das geriebene Roggenschrotbrot, Zimt, Mandeln, Orangensaft, Sahne und Rum. Verrühren Sie alles gut zu einer leicht sämigen Masse, die Sie dann für etwa 2-3 Stunden in den Kühlschrank stellen. Rühren Sie öfters einmal um, damit diese Grundmasse sich gut vermischt. Füllen Sie danach vier Glaskelche oder auch -teller gleichmäßig und legen Sie eine große Orangenscheibe, die ebenfalls mit etwas Rum beträufelt wurde, darauf und als krönenden Abschluß noch eine Cocktailkirsche oder garnieren Sie noch mit etwas leicht gesüßter Sahne.
Man kann diesen Nachtisch auch variieren, indem man den Rotwein durch Rum ersetzt, wobei sich die Menge nach dem Geschmack richtet. Jedoch sollte man höchstens ¼ l nehmen.
Die übriggebliebenen Eiweiß eignen sich vorzüglich zur Herstellung des Palatia-Desserts.

SEIT 1848
DER GUTE
POTT
54
1976er

Münchner Semmel-Schmarrn ▲

6 Semmeln (Brötchen, 1-2 Tage alt), ½ l Milch, 3 Eier, 60 g Rosinen, ca. 70 g Butterschmalz oder etwas mehr, 50 g Zucker, 1 KL Salz.

Schneiden Sie die Semmeln in ziemlich dünne Scheibchen und geben Sie diese in eine Schüssel. Verquirlen Sie dann die Eier mit der Milch und übergießen Sie damit die Semmelscheibchen. Salzen Sie die Masse und lassen Sie sie – zugedeckt – etwa 1 Stunde gut durchziehen. Hin und wieder umrühren, damit die Milch-Ei-Masse überall eindringen kann. Dann mengen Sie die – vorher gut gewaschenen und 30 Minuten in Wasser gequollenen – Rosinen unter den Teig. In einer ziemlich flachen Pfanne mit möglichst großem Boden lassen Sie nun das Butterschmalz, das in diesem Fall reiner Butter vorzuziehen ist, gut heiß werden und schütten dann die Schmarrn-Masse hinein. Unter ständigem Umwenden und Zerkleinern – am besten mit zwei Gabeln – lassen Sie den Schmarrn rundum fertig bräunen. Abschließend mit Zucker überstreuen und so heiß wie möglich servieren.

Reichen Sie dazu ein Kompott oder einen Obstsalat aus frischen Früchten. Es soll Leute geben, die den Schmarrn auch noch flambieren, aber das wäre kein Schmarrn mehr.

Omas süße Mandelschnitten

Je 150 g trockenes Vollkornbrot, dunkles und helles Mischbrot, 2 Eier, Saft und abgeriebene Schale einer Zitrone, Saft und abgeriebene Schale einer Orange, 50 g Zitronat, 100 g Zucker, ½ KL Zimt, 100 g geschälte Mandeln, fein gerieben, 40 g geschälte und gestiftelte Mandeln, ⅛ l Rum, Schokoladenglasur.

Die verschiedenen Brotsorten werden fein gerieben oder im Fleischwolf gemahlen, mit Zucker, Zimt, Zitronen- und Orangensaft, den abgeriebenen Schalen, den geriebenen Mandeln, Eiern, Zitronat und Rum zu einem Teig verarbeitet, der etwa 2-3 cm dick auf einem gut ausgefetteten oder auf einem mit »Backrein« ausgelegten Backblech ca. 20 Minuten bei 180 Grad gebacken wird. Danach in 4 Schnitten oder auch Rauten teilen und völlig erkalten lassen. Lassen Sie die Schokoladeglasur zergehen und bepinseln Sie damit die Mandelschnitten oben und auf allen Seiten schön gleichmäßig. Setzen Sie die gestiftelten Mandeln möglichst senkrecht wie Igelstacheln auf. Nachdem die Glasur fest geworden ist, können Sie Omas süße Mandelschnitten bereits servieren. Man kann zusätzlich etwas leicht gesüßte Schlagsahne reichen. Bei entsprechender Aufbewahrung sind die Mandelschnitten 14 Tage haltbar.
Backzeit: ca. 20 Minuten
Temperatur: 180° C

Erdbeer-Exquisit ▶

200 g Vollkornbrot oder Pumpernickel, 100 g Zucker, 100 g Sultaninen, 400 g Erdbeeren (frisch oder tiefgefroren), 1 KL abgeriebene Zitronenschale, Saft von ½ Zitrone, ¼ l Rotwein, 0,2 l süße Sahne, 1-2 EL Cointreau.

Das Vollkornbrot wird fein gerieben oder im Fleischwolf fein gemahlen; dann läßt man das Brot etwa 120 Minuten lang unter öfterem Umwenden etwas antrocknen. Gleichzeitig gibt man die gewaschenen Sultaninen in Rotwein und läßt sie ebenfalls etwa 120 Minuten aufquellen. Dann verarbeiten Sie das geriebene Brot, Zitronensaft und Zitronenschale, Zucker und den Rotwein mit den Sultaninen zu einer sämigen Masse und ziehen die leicht gezuckerte, ganz fest geschlagene Sahne sehr vorsichtig unter. Danach verteilen Sie die Mischung in 4 Portionsschalen und stellen sie für etwa 120 Minuten in den Kühlschrank.
Kurz vor dem Servieren legen Sie die frischen oder – natürlich vorher aufgetauten – tiefgefrorenen Erdbeeren, die Sie mit etwas Cointreau beträufelt haben, obendrauf. Man kann die Erdbeeren auch einige Zeit in Cointreau oder Danziger Goldwasser marinieren.
Servieren Sie diese exquisite Nachspeise mit Löffelbisquits.

Palatia-Dessert

2 Becher Joghurt, ¼ l süße Sahne, 100 g Zucker, 2 Päckchen Vanillezucker, 4 Blatt weiße Gelatine, Eischnee von 4 Eiweiß.
Zum Verzieren: ⅛ l süßer Schlagrahm oder Erdbeeren, Cocktail-Kirschen.

Wann immer Sie Eiweiß übrig haben, bereiten Sie eine köstliche Nachspeise:
Den Joghurt und die süße Sahne mit dem Zucker und dem Vanillezucker glatt rühren.
Die aufgelöste und abgekühlte Gelatine darunter rühren. Zum Schluß den Eischnee unterheben und – möglichst schon portioniert – für einige Stunden in den Kühlschrank stellen.
Vor dem Servieren nach Belieben mit Schlagsahne oder mit Früchten verzieren.

Pumpernickel-Eis ◀

200 g trockener Pumpernickel, 4 Schokoladenkekse, 50 g Staubzucker, ½ KL Zimt, 4 EL Maraschino, 0,2 l süße Sahne, 200 g Vanille- oder Fürst Pückler-Eis.

Der ziemlich trockene Pumpernickel wird möglichst fein gerieben und dann mit Zucker und Zimt gut vermischt. Danach übergießen Sie ihn mit Maraschino, vermengen alles gut miteinander und stellen die Masse etwa 1 Stunde in den Kühlschrank und rühren sie einige Male gut um. Füllen Sie anschließend diese Mischung in Portionsschalen und legen Sie obenauf je einen Schokoladekeks, damit das Eis, das nun darauf gegeben wird, nicht einsinken kann. Mit der leicht gesüßten Schlagsahne, der man tropfenweise beim Schlagen noch etwas Maraschino beifügen kann, verzieren und ohne Waffeln servieren.

Variation:

Man kann noch auf eine zweite Art Pumpernickel-Eis herstellen, indem man geriebenen Pumpernickel mit Zucker, Zimt und Maraschino vermischt. Darunter heben Sie das angetaute, weiche, mischfähige Vanille-Eis und geben während des Mischens noch etwas Maraschino dazu. Füllen Sie mit dieser weichen Masse die Portionsschalen und lassen Sie das Pumpernickel-Eis im Tiefkühlfach erneut gefrieren. Kurz vor dem Servieren noch mit leicht gesüßter Schlagsahne, die ebenfalls mit etwas Maraschino versetzt wurde, verzieren.

Ziervögel
in Haus und Voliere
Arten · Verhalten · Pflege
(0377) Von Horst Bielfeld, 144 S.,
32 Farbfotos, kart., DM 9,80

Beeren und Waldfrüchte
erkennen und benennen –
eßbar oder giftig?
(0401) Von J. Raithelhuber, 136 S.,
90 Farbfotos, 40 s/w, kart., DM 16,80

Arzneikräuter und Wildgemüse
erkennen und benennen
(0459) Von J. Raithelhuber, 140 S.,
108 Farbfotos, kart., DM 12,80

Tee für Genießer
(0356) Von Marianne Nicolin, 64 S.,
4 Farbtafeln, kart., DM 5,80

Fred Metzlers
Witze mit Pfiff
(0368) 120 S., Taschenbuchformat,
kart., DM 5,80

Selbst Brotbacken
mit über 50 erprobten Rezepten
(0370) Von Jens Schiermann, 80 S.,
mit 6 Zeichnungen und 4 Farbtafeln,
kart., DM 6,80

Kalorien · Joule
Eiweiß · Fett · Kohlenhydrate
tabellarisch nach gebräuchlichen
Mengen
(0374) Von Marianne Bormio, 88 S.,
kart., DM 4,80

Zimmerpflanzen
(5010) Von Inge Manz, 64 S.,
98 Farbabb., Pbd. DM 9,80

Die 12 Sternzeichen
Charakter, Liebe und Schicksal
(0385) Von Georg Haddenbach,
160 S., gbd., DM 9,80

Möbel aufarbeiten, reparieren und pflegen
(0386) Von E. Schnaus-Lorey,
96 S., 104 Fotos und Zeichnungen,
kart., DM 6,80

Selbst Wahrsagen mit Karten
Die Zukunft in Liebe, Beruf und
Finanzen
(0404) Von Rhena Koch, 112 S.,
viele Abb., Pbd., DM 9,80

Einkochen
nach allen Regeln der Kunst
(0405) Von Birgit Müller, 96 S.,
8 Farbtafeln, kart., DM 6,80

Die besten
Tierwitze
(0496) Herausgegeben von
Peter Hartlaub und Silvia Pappe,
112 S., 25 Zeichnungen, kart., DM 5,80

Tauchen
Grundlagen – Training – Praxis
(0267) Von W. Freihen, 144 S.,
71 Fotos und Farbtafeln, kart., DM 9,80

Moderne Schmalfilmpraxis
Ausrüstungen · Drehbuch · Aufnahme
Schnitt · Vertonung
(4043) Von Uwe Ney, 328 S., mit über
200 Abb., teils vierfarbig,
gbd., DM 29,80

Windsurfing
Handbuch für Grundstein und Praxis
(5028) Von Calle Schmidt, 64 S.,
über 50 Abb., durchgehend vierfarbig,
Pbd., DM 9,80

Reiten
Vom ersten Schritt zum Reiterglück
(5033) Von Herta F. Kraupa-Tuskany,
64 S., mit vielen Zeichnungen und
Farbabb., Pbd., DM 9,80

Die Selbermachers
renovieren ihre Wohnung
(5013) Von Wilfried Köhnemann,
148 S., 374 Farbabb., Zeichnungen
und Fotos, kart., DM 14,80

Bauernmalerei
leicht gemacht
(5039) Von Senta Ramos, 64 S.,
78 vierfarbige Abb., Pbd., DM 9,80

Großes Getränkebuch
Wein · Sekt · Bier und Spirituosen
aus aller Welt, pur und gemixt
(4039) Von Claus Arius, 288 S.,
mit Register, 179 teils großformatige
Farbfotos, Schuber, gbd., DM 58,–

Die besten
Ostfriesenwitze
(0495) Herausgegeben von
Onno Freese, 112 S., 17 Zeichnungen,
kart., DM 5,80

Moderne Fotopraxis
Bildgestaltung · Aufnahmepraxis ·
Kameratechnik · Fotolexikon
(4030) Von Wolfgang Freihen, 304 S.,
mit 244 Abb., davon 50 vierfarbig,
Balacron mit vierfarbigem Schutzumschlag, abwaschbare Polyleinprägung, DM 29,80

Falken-Handbuch spielen
drinnen und draußen, für jung und alt
(4034) Von Heinz Görz, 430 S.,
mit 370 farbigen Zeichnungen,
gbd., DM 36,–

CB-Code
Wörterbuch und Technik
(0435) Von Richard Kerler, 120 S.,
mit technischen Abb., kart., DM 7,80

Münzen
Ein Brevier für Sammler
(0353) Von Erhard Dehnke, 128 S.,
30 Abb. – teils farbig –, kart., DM 9,80

Naive Malerei
leicht gemacht
(5083) Von Felizitas Krettek,
64 S., 76 Farbfotos, Pbd., DM 9,80

Balkons in Blütenpracht
zu allen Jahreszeiten
(5047) Von Nikolaus Uhl, 64 S.,
82 vierfarbige Abb., Pbd., DM 9,80

Grillen
drinnen und draußen
(4047) Von Claus Arius, 152 S.,
30 Farbtafeln in flexiblen Karton,
gbd., DM 12,80

Moderne Korrespondenz
(4014) Von H. Kirst und W. Manekeller,
570 S., gbd., DM 39,–

Die hier vorgestellten Bücher sind nur eine Auswahl aus unserem großen Ratgeber- und Sachbuch-programm.
Bitte fordern Sie unser kostenloses Gesamt-verzeichnis an.

Falken-Verlag GmbH · Postfach 1120
D-6272 Niedernhausen/Ts.

Die Frau als Hausärztin
(4072) Von Dr. med. Anna Fischer-Dückelmann, 808 S., 16 Farbtafeln,
174 Fotos, 238 Zeichnungen, DM 58,–

Kalte Platten
(4064) Von Maître Pierre Pfister,
240 S., 135 großformatige Fotos,
gbd., DM 48,–

Judo
Grundlagen-Methodik
(0305) Von Mahito Ohgo, 204 S.,
mit 1025 Fotos, kart., DM 14,80

Sportfischen
Fische – Geräte – Technik
(0324) Von Helmut Oppel, 144 S.,
mit 49 Fotos, Abb., und 8 Farbtafeln,
kart., DM 9,80

Katzen
Rassen · Haltung · Pflege
(4216) Von Brigitte Eilert-Overbeck,
96 S., 82 großformatige Fotos,
Pbd., DM 19,80

Das Aquarium
Einrichtung, Pflege und Fische für
Süß- und Meerwasser
(4029) Von Hans J. Mayland, 334 S.,
mit über 415 Farbabb. und Farbtafeln
sowie 150 Zeichnungen und Skizzen,
gbd., DM 36,–

Hunde-Ausbildung
Verhalten – Gehorsam – Abrichtung
(0346) Von Prof. Dr. R. Menzel,
96 S., 18 Fotos, kart., DM 7,80

Faszinierende Formen und Farben
Kakteen
(4211) Von Katharina und Franz Schild
96 S., 127 großformatige Farbfotos,
Pbd., DM 19,80

Astrologie
Charakterkunde – Schicksal, Liebe
und Beruf – Berechnung und
Deutung von Horoskopen-
Aszendenttabelle
(4068) Von B. A. Mertz, mit einem
Geleitwort von Hildegard Knef, 342 S.,
mit erläuternden Grafiken,
gbd., DM 29,80

Das farbige Kinderlexikon
von A–Z
(4059) Herausgegeben von
Felicitas Buttig, 392 S., 386 farbige
Abb., Pbd., DM 29,80

Wein-Törtchen

200 g trockenes dunkles Mischbrot, 75 g Zucker, ½ KL Zimt, 100 g geriebene Mandeln, 50 g Zitronat, 4 KL Arrak, ⅛ l Rotwein zum Teig, 4 EL Rotwein zum Marinieren, 4 Eier, 100 g entkernte Sauerkirschen, 4 Cocktailkirschen, 0,2 l süße Sahne, Schokoladenglasur.

Obwohl hier eine Menge Zutaten verlangt werden, ist die Zubereitung der Wein-Törtchen ziemlich einfach, das Ergebnis jedoch sehr wirkungsvoll. Trennen Sie die Eier und verarbeiten Sie die Eiweiß zu Eischnee. Das geriebene Brot, die Mandeln, Zucker, Zimt, Zitronat und die 4 Eigelb werden mit ⅛ l Rotwein zu einem sämigen Teig verrührt, unter den man zur Auflockerung den Eischnee von 4 Eiern hebt. Geben Sie diese Masse in acht gleiche, zwei Zentimeter hohe Förmchen und backen Sie die Törtchen im vorgeheizten Backofen. Nach dem Herausnehmen beträufeln Sie jedes Törtchen mit einem halben Teelöffel Arrak. Nach dem Erkalten werden die Törtchen aus den Förmchen genommen und mit Schokoladeglasur bestrichen. Mit den in Rotwein marinierten Sauerkirschen belegen Sie jedes Törtchen und setzen jeweils zwei Stück aufeinander. Verzieren Sie das obere Törtchen mit leicht gesüßter Schlagsahne und einer Cocktail- oder auch Sauerkirsche.

Backzeit: ca. 20 Minuten
Temperatur: 180° C

Rezeptregister

Für jeden etwas...

Praktische Gebrauchsbücher stehen Ihnen, lieber Leser, mit Rat und Information zur Seite, wenn es darum geht, Fragen des täglichen Lebens zu beantworten.
Die hervorragende Sachkenntnis und die verständliche Sprache unserer Fachautoren sind ebenso selbstverständlich wie die sorgfältige Ausstattung unseres großen Buchprogramms.
Damit bietet Ihnen der Falken-Verlag Bücher zum Lesen und Nachschlagen, mit denen Sie Ihr Leben aktiv und erfolgreich gestalten können.

Trockenblumen und Gewürzsträuße
(Best.-Nr. 5084) DM 9,80

Kleingebäck
(Best.-Nr. 5089) DM 9,80

Phantasieblumen
(Best.-Nr. 5091) DM 9,80

Brotspezialitäten
(Best.-Nr. 5088) DM 9,80

Raffinierte Steaks
(Best.-Nr. 5043) DM 9,80

Schmuck und Objekte aus Metall und Email
(Best.-Nr. 5078) DM 16,80

Spanische Küche
(Best.-Nr. 5037) DM 9,80

Zugeschaut und mitgebaut 1 – 4
(Best.-Nr. 5031, 5061, 5077, 5093)
je DM 14,80

Kalte Happen und Partysnacks
(Best.-Nr. 5029) DM 9,80

Gemüse und Kräuter
(Best.-Nr. 5024) DM 9,80

Hobby Holzschnitzen
(Best.-Nr. 5101) DM 14,80

Kinder lernen spielend kochen
(Best.-Nr. 5096) DM 9,80

Das neue Hundebuch
(0009) Von W. Busack, überarbeitet von Dr. med. vet. A. Hacker, 104 S., zahlreiche Abb. auf Kunstdrucktafeln, kart., DM 6,80

Mietrecht
Leitfaden für Mieter und Vermieter
(0479) Von Johannes Beuthner, 196 S., kart., DM 12,80

Scheidung und Unterhalt
nach dem neuen Eherecht
(0403) Von Rechtsanwalt H.T. Drewes, 104 S., mit Karten und Unterhaltstab., kart., DM 7,80

Der neue Briefsteller
(0060) Von I. Wolter-Rosendorf, 112 S., kart., DM 5,80

Die erfolgreiche Bewerbung
(0173) Von W. Manekeller, 152 S., kart., DM 8,80

Verse fürs Poesiealbum
(0241) Von Irmgard Wolter, 96 S., 20 Abb., kart., DM 4,80

Knobeleien und Denksport
(2019) Von Klas Rechberger, 142 S., viele Zeichnungen, kart., DM 7,80

Heimwerker-Handbuch
Basteln und Bauen mit elektrischen Heimwerkzeugen
(0243) Von Bernd Käsch, 204 S., 229 Fotos und Zeichnungen, kart., DM 9,80

Großes Rätsel-ABC
(0246) Von H. Schiefelbein, 416 S., gbd. DM 16,80

Stricken, häkeln, loopen
(0205) Von Dr. Marianne Stradal, 96 S., 100 Abb., kart., DM 5,80

Tennis
Technik – Taktik – Regeln
(0375) Von Harald Elschenbroich, 112 S., 81 Abb., kart., DM 6,80

Wie soll es heißen?
(0211) Von Dr. Köhr, 88 S., kart., DM 5,80

Beliebte und neue
Kegelspiele
(0271) Von Georg Bocsai, 92 S., 62 Abb., kart., DM 4,80

Vorbereitung auf die Geburt
Schwangerschaftsgymnastik, Atmung, Rückbildungsgymnastik
(0251) Von Sabine Buchholz, 112 S., 98 Fotos, kart., DM 6,80

Spaß am Laufen
Jogging für die Gesundheit
(0470) Von Werner Sonntag, 120 S., 36 Abb., kart., DM 6,80

Glückwünsche, Toasts und Festreden zur Hochzeit
(0264) Von Irmgard Wolter, 88 S., kart., DM 4,80

Spielend Schach lernen
(2002) Von Theo Schuster, 128 S., kart., DM 6,80

Spiele für Kleinkinder
(2011) Von Dieter Kellermann, 80 S., kart., DM 5,80

Selbst tapezieren und streichen
(0289) Von Dieter Heitmann und Jürgen Geithmann, 116 S., 67 Abb., kart., DM 6,80

Von der Verlobung zur Goldenen Hochzeit
Vorbereitung – Festgestaltung – Glückwünsche
(0393) Von Elisabeth Ruge, 120 S., kart., DM 6,80

Bruce Lees Kampfstil 2
Selbstverteidigungs-Techniken
(0486) Von Bruce Lee, M. Uyehara, 128 S., 310 Fotos, kart., DM 9,80

Pilze
erkennen und benennen
(0380) Von J. Raithelhuber, 136 S., 106 Farbfotos, kart., DM 9,80

Falken-Handbuch Pilze
Mit über 250 Farbfotos und Rezepten
(4061) Von Martin Knoop, 276 S., 250 Farbfotos, 28 Zeichnungen, gbd. DM 36,–